UFOリーディング

激化する光と闇の戦い

Ryuho Okawa
大川隆法

まえがき

ちょっと珍《めずら》しい本だろう。

そもそも、ＵＦＯが存在するかどうかが問題視されているのに、本書では、撮影されたＵＦＯ写真とＵＦＯの種類、乗船している人の名前から考えまで明らかにされている。支部や精舎で、映像を動画で観ながら、私たちと宇宙人の会話を実際に聞いた人々は、もっと迫真性《はくしんせい》をもって、本書の内容を読み解くことができるだろう。

現実に東京上空で、敵味方に分かれて、ＵＦＯが対峙《たいじ》しているなんて、あなたは信じられるか。

もしこの内容が真実なら、私たちは、アメリカ合衆国のＮＡＳＡとか国防総省より上を行っていることになろう。
ただ日本の政府も、マスコミも、自衛隊も、宇宙科学も、とても遅れているので、信じられるか否かは別に、情報は出し続けるつもりである。いずれＵＦＯの宇宙航行原理まで解明するつもりである。

二〇二一年　七月二十七日

幸福《こうふく》の科学《かがく》グループ創始者兼総裁《そうししゃけんそうさい》
大川隆法《おおかわりゅうほう》

ＵＦＯリーディング　激化する光と闇の戦い　目次

ヤイドロンの霊言

第1章　映画「ヴェノム」のような宇宙人はいるのか

エルダー星ヤイドロン

二〇一八年十一月七日　収録
幸福の科学　特別説法堂《せっぽうどう》にて

第2章　救世主を護《まも》るゴジラ型宇宙人

アンドロメダ銀河エナジー星インドラ

二〇一八年十一月十一日　収録
幸福の科学 特別説法堂にて

UFOリーディング18

第3章　〝格闘技《かくとうぎ》のルーツの星〟からの「地球のヒーロー復活」の願い

いるか座惑星《わくせい》ミゲル　マッカートニー

二〇一八年十一月十五日　収録
幸福の科学 特別説法堂にて

第4章 働きすぎへの注意と救世運動へのアドバイス

ワークスルー星／いるか座惑星ミゲル マッカートニー／
うお座エンゲル星ゲッペルス

二〇一八年十一月二十日 収録
幸福の科学 特別説法堂にて

3

エンゲル星の「ゲッペルス」

第5章 「かぐや姫《ひめ》伝説」「織姫《おりひめ》・彦星《ひこぼし》伝説」のルーツを明かす

こと座織姫星《ぼし》エターナル・ビューティー

二〇一八年十一月二十七日 収録
幸福の科学 特別説法堂にて

第6章　東京上空での〝宇宙攻防《こうぼう》戦〟とヤイドロンの〝魔法論《まほうろん》〟

マゼラン星雲β《ベータ》星バズーカ／エルダー星ヤイドロン

二〇一八年十二月三日　収録
幸福の科学 特別説法堂にて

第7章　宇宙における「価値観の対立」と「地球革命」

マゼラン星雲β星バズーカ／エルダー星ヤイドロン／さそり座ハニカ二星ミケーネ

二〇一八年十二月十五日　収録
幸福の科学 特別説法堂にて

＊編集注

二〇一八年七月四日に、さいたまスーパーアリーナで、大川隆法総裁が御生誕《ごせいたん》祭法話《さいほうわ》「宇宙時代の幕開け」を説いて以降、数多くのＵＦＯが大川隆法総裁のもとを訪《おとず》れるようになり、「ＵＦＯリーディング」が収録されています（二〇二一年七月二十七日現在、「ＵＦＯリーディング63」まで収録）。

本書は、そのうち、二〇一八年十一月七日から十二月十五日までの、自由・民主・信仰《しんこう》の価値観と唯物論《ゆいぶつろん》・共産主義との「光と闇《やみ》の戦い」の真相や、宇宙的正義を樹立することの重要性が明かされた「ＵＦＯリーディング」をとりまとめたものです。いずれも大川隆法総裁がＵＦＯを発見し、その場でリーディングが行われています。

本書に収録されているもの以外にも、二〇一八年十一月七日から十二月十五日の間に発見されたＵＦＯのリーディングの収録や写真の撮影《さつえい》が行われており、この期間の宇宙人関連の霊言《れいげん》・リーディングの概要《がいよう》は次ページの表のとおりです。なお、本書に収録されているものは書籍名《しょせきめい》の欄《らん》に★印をつけています。

霊言・リーディング一覧（二〇一八年十一月七日～十二月十五日）

収録日・撮影日	タイトル	書籍名
11月7日	ヤイドロンの霊言	★本書第1章
11月11日	ＵＦＯリーディング17（インドラ／ヤイドロン）	★本書第2章（インドラ） 『ＵＦＯリーディング　救世主を護る宇宙存在ヤイドロンとの対話』 『「ＵＦＯリーディング」写真集2』
11月15日	ＵＦＯリーディング18（ヤイドロン／マッカートニー）	★本書第3章（マッカートニー） 『ＵＦＯリーディング　救世主を護る宇宙存在ヤイドロンとの対話』 『「ＵＦＯリーディング」写真集2』
11月20日	ＵＦＯリーディング19（ワークスルー星人／マッカートニー／ゲッペルス）	★本書第4章／『「ＵＦＯリーディング」写真集2』
11月20日	ＵＦＯ写真（ジュピター（木星）／ミント星／サーペント星）	『「ＵＦＯリーディング」写真集2』
11月27日	ＵＦＯリーディング20（エターナル・ビューティー）	★本書第5章／『「ＵＦＯリーディング」写真集2』

11月27日	UFO写真（月からの調査船）	『「UFOリーディング」写真集2』
12月3日	UFOリーディング21（バズーカ／ヤイドロン）	★本書第6章／『「UFOリーディング」写真集2』
12月3日	UFO写真（ヤイドロン）	『「UFOリーディング」写真集2』
12月8日	UFO写真（ヤイドロン）	『「UFOリーディング」写真集2』
12月13日	UFOリーディング22（ヤイドロン）	『「UFOリーディング」写真集2』／『UFOリーディング　救世主を護る宇宙存在ヤイドロンとの対話』
12月13日	UFO写真（ヤイドロン）	『「UFOリーディング」写真集2』
12月15日	UFOリーディング23（バズーカ／ヤイドロン／ミケーネ）	★本書第7章／『「UFOリーディング」写真集2』
12月15日	UFO写真（バズーカ／ヤイドロン／ミケーネ）	『「UFOリーディング」写真集2』

古来、釈迦《しゃか》のように悟《さと》りを開いた人には、人知を超《こ》えた六種の自由自在の能力「六神《ろくじん》通《ずう》」（神足通《じんそくつう》・天眼通《てんげんつう》・天耳通《てんにつう》・他心通《たしんつう》・宿命通《しゅくみょうつう》・漏尽通《ろじんつう》）が備わっているとされる。それは、時空間の壁《かべ》を超え、三世《さんぜ》を自在に見通す最高度の霊的《れいてき》能力である。著者は、六神通を自在に駆使《くし》した、さまざまなリーディングが可能。

本書に収録されたリーディングにおいては、霊言《れいげん》や霊視《れいし》、「タイムスリップ・リーディング（対象者の過去や未来の状況《じょうきょう》を透視《とうし》する）」「リモート・ビューイング（遠隔《えんかく》透視。特定の場所に霊体《れいたい》の一部を飛ばし、その場の状況を視《み》る）」「マインド・リーディング（遠隔地の者も含《ふく》め、対象者の思考や思念《しねん》を読み取る）」「ミューチュアル・カンバセーション（通常は話ができないような、さまざまな存在の思いをも代弁して会話する）」等の能力を使用している。

質問者　大川紫央《おおかわしお》（幸福の科学総裁補佐《ほさ》）＊第３章、第４章

［他の章の質問者はＡと表記］

※役職は収録時点のもの。

第1章

映画「ヴェノム」のような宇宙人はいるのか

―

エルダー星ヤイドロン

2018年11月7日 収録　幸福の科学 特別説法堂《せっぽうどう》にて

ヤイドロン

マゼラン星雲エルダー星の宇宙人。地球霊界《れいかい》における高次元霊的な力を持ち、「正義の神」に相当する。エルダー星では、最高級の裁判官 兼《けん》 政治家のような仕事をしており、正義と裁きの側面を司《つかさど》っている。かつて、メシア養成星《せい》でエル・カンターレの教えを受けたことがあり、現在、大川隆法として下生《げしょう》しているエル・カンターレの外護《げご》的役割を担《にな》う。肉体と霊体《れいたい》を超越《ちょうえつ》した無限の寿命《じゅみょう》を持ち、地球の文明の興亡や戦争、大災害等にもかかわっている。

〈霊言《れいげん》収録の背景〉

本霊言は、映画「ヴェノム」を鑑賞《かんしょう》後、映画に登場する「ヴェノム」的存在が実在するのかについて、ヤイドロンに意見を聞くために行われたものである。

映画「ヴェノム」に登場する宇宙生物は存在するのか

（編集注。背景に幸福の科学の根本経典《こんぽんきょうてん》である『仏説《ぶっせつ》・正心法語《しょうしんほうご》』のＣＤがかかっている）

ヤイドロン　ヤイドロンです。

質問者Ａ　はい。すみません。

ヤイドロン　うん、さっきちょっと外で……。

質問者Ａ　はい。お会いしましたね。

ヤイドロン　話をしました。

質問者Ａ　はい。

ヤイドロン　「ヴェノム」（二〇一八年公開のアメリカ映画）に関しては、さっき言ったとおり、ああいうものが（宇宙に）棲《す》んでいるわけではありません。

あれは、やっぱり憑依《ひょうい》――、精神的な、霊的《れいてき》な憑依の現象を映像で分かるようにしたということで、「全身が憑依されるところまで行くか、心のなかに巣くっているか、そのレベルに差があるということを宇宙生物で説明をしてみただけ」でして。宇宙人として、ああいうものがいるわけではありませんので。

いるとしたら、いわゆるレプタリアン（爬虫類《はちゅうるい》型宇宙人）風に、肉食のアニマ好きのものが、それはいます。それはいますけど、ああいうふうに、「寄生するかたちで人格を乗っ取ってあれ（憑依）する」という感じのものは、あんまりそっくりなものは、やっぱりないですね。

ただ、確かに、人に寄生して多少その人の方向性を変えていくようなものはあることはありますが、ああいうふうに、「変身して何かを食《く》らう」みたいな感じのものは、ずばりはないというふうには思っていますし、あなたがたの（映画の）レプタリアン

映画「ヴェノム」（2018年公開、ソニー・ピクチャーズ エンタテインメント）

たちとも、ちょっと違《ちが》うと思います。

質問者A　なるほど。「宇宙的要素」というよりは、「憑依的要素」を映画にした側面が強いのですね。

ヤイドロン　そうですね。だから、「心霊映画を宇宙モノに変えた」というだけのことですね。

質問者A　確かに。

ちょっといろいろと、今、宇宙関連の情報も勉強していると、「ああいうのもいるのかな」とか思ってしまうから。

ヤイドロン　もちろん、心がね、他の人の生霊《いきりょう》から、いわゆる悪霊《あくりょう》に取り憑《つ》かれて変わる……、鬼《おに》のようになったり悪魔《あくま》のようになったりすれば、今までと違ったような行動を取る人はいることはいるから、それを大げさにすれば、人を食べたり、いきなり殺したりするようなこと……。

まあ、殺人というのは、確かにね、そういう衝動《しょうどう》的なものとかはあるかもしれませんがね。〝売ったり買ったり〟の喧嘩《けんか》、〝売り買い〟の喧嘩をして、(殺したり)するというようなことはあるかもしれませんけれども。「ずばり、ああいうものは存在しない」と見てよいと思います。

だから、あなたがたがつくった「宇宙の法」の映画(「宇宙の法─黎明《れいめい》編─」〈製作総指揮・大川隆法、二〇一八年公開〉)と同じではないということです。

質問者A (その映画に出てくるレプタリアンの)ザムザとかとは違うということですね。なるほど。気をつけます。

ヤイドロン もうちょっと「主体性」というものはあるので。善には「善の主体性」、悪には「悪の主体性」があります。

私も神罰《しんばつ》を与《あた》える立場にはありますけれども、そうしたヴェノムのような悪魔憑依のようなものとは……。

質問者A 違う?

ヤイドロン　一緒《いっしょ》ではありません。「悪人を取って食べる」という、あんな感じのものではないと思います。

質問者A　なるほど。分かりました。

第2章

救世主を護《まも》るゴジラ型宇宙人

アンドロメダ銀河エナジー星
インドラ

2018年11月11日 収録　幸福の科学 特別説法堂《せっぽうどう》にて

アンドロメダ銀河のエナジー星人はどんな姿をしているのか

大川隆法　話しましょうか。

質問者A　はい。

大川隆法　エナジー星人で間違《まちが》いありませんか。(宇宙人は)「そうです」って言っています。霊言《れいげん》できますか。

エナジー星人　できます。はい。

質問者A　エナジー星は初めてですかね。

エナジー星人　そうですか。

2018年11月11日、東京都上空に現れたUFOの画像。

質問者A　どのへんから来られましたか。

エナジー星人　私たちはアンドロメダ銀河から来た者です。

質問者A　あっ、そうなんですね。では、遠くから？

エナジー星人　これは小型機ですけどね。まあ、母船は遠くから来ています。

質問者A　どんなお姿ですか。

大川隆法　今、視《み》えているのは、本当にこの前、映画館の前で見たゴジラの像のちっちゃい……。

質問者A　ゴジラ？

大川隆法　そのくらいのような形で、黒じゃなくて、もうちょっと深緑《ふかみどり》した色が視えるのですが。

質問者A　恐竜型《きょうりゅう》ですか？

大川隆法　……に視えますね。でも、二本足で立ってはいます。

質問者A　では、ゴジラですね、本当に。

エナジー星人　ゴジラ型宇宙人。エナジー星人。アンドロメダから来ている。

質問者A　あなたたちは、ゴジラの姿でよろしいですか。

大川隆法　身長はどのくらいありますか。

（エナジー星人が言うには）「二メートル五十センチぐらいだ」って、大きさは。

質問者A　二メートル五十センチぐらい？

大川隆法　うんうん。だけど、形はゴジラに近い。

質問者Ａ　何人いますか。

大川隆法　（エナジー星人は）「六十五人」って言ってる。多いね。意外に多い。

質問者Ａ　すごく大きい（ＵＦＯ）ですね。

大川隆法　遠いのかなあ、あれ。遠くにいるから（光が）小さいのかなあ。もっと小さいものかと思った。六十五人で……。

質問者Ａ　六十五人、ゴジラがいるのですね。

大川隆法　二・五メートルで六十五人って、けっこう大きいシップだろうね。シップの大きさ、船の大きさはどのくらいですか。

エナジー星人　六十五人がストレスなく生活するためには、八十メートルぐらいの大きさは必要です。横が八十メートル。直径八十メートル。高さ十五メートルぐらい。

質問者A　男女両方いますか？

エナジー星人　男女と言えるかどうかは知りませんが、見分けがつかないと思いますが、いちおう、まあ、雄《おす》・雌《めす》に近いかもしれませんが、います。

エナジー星人の役割と、エナジー星という名前の意味

質問者A　失礼に当たったら申し訳ないんですけれども、お姿からすると、レプタリアン的な感じに定義されるんでしょうか。

エナジー星人　どちらかといえば、「対レプタリアン用生物」というか。

質問者A　ああ、なるほど、なるほど。戦うための……。

エナジー星人　まあ、人類と言うには少し気が引けますが、対レプタリアン警戒《けいかい》用の……、まあ、私たちはそういうふうに開発されたものなので。開発、生育されたものので。だから、レプタリアンが悪さをするときに、それを押《お》さえる警察官、ポリースです。

質問者A　魂《たましい》は宿っていると考えてよろしいですか。

エナジー星人　はい、そうです。宿っています。ただ、肉体は、自然界にある生き物と、ちょっと人工の改造と、両方で（できていて、一部）、手が加わっています。

質問者A　そういうのをつくっていいんですね、アンドロメダでは。

エナジー星人　いちおう戦闘《せんとう》用に兵士が必要なので。兵士は普通《ふつう》のままでは強くないから、ちょっと強くする必要がある。あっ、X-MEN《エックスメン》ですね、私たちの星のね。

質問者A　あなたのお名前は？

エナジー星人　紛《まぎ》らわしいとは思いますが、「インドラ」と申します。

質問者A　インドラさん？

インドラ　はい。

質問者A　男性？

インドラ　そうです。

質問者A　エナジー星というお名前には、何か意味はあるんですか。

インドラ　いちおう地球人に分かるように言ったまでのことで。だから、エネルギーに満ち溢《あふ》れているんです。生命エネルギー、活動エネルギー等に満ち溢れている。

大川隆法　ヘリコプターが飛んでいますね。

質問者A　あっ、（UFOが）下に下がってきちゃった。

大川隆法　下がってきた？

質問者A　はい。

大川隆法　ああ、本当にすごい下がった。けっこう動いてるね。これ、ヘリコプターとニアミスするよ、もうすぐ。ヘリコプターが下を通るよ。はい。

エナジー星人の何だったっけ？

質問者A　インドラさん。

大川隆法　はい。インドラさん。インドラっていったら、あれですよ。

えっ、帝釈天《たいしゃくてん》じゃなかったっけ？　インドラって。

インドラ　「インドラの網《あみ》」って、あれがあるでしょ？　こういうふうな〝ことわざ〟があって。

大川隆法　うん、そうですね。インドラ。

インドラ　はい。宮沢賢治《みやざわけんじ》も『インドラの網』って書いて。インドラってねえ、うん。

大川隆法　……帝釈天ですね、インドで言うと。ああ、帝釈天のもとですか。

質問者A　インドラさんは今日メッセージがあって来られましたか。

インドラ　はい。私たちはポリースマン。六十五人もいるポリースマンなので、警備を強化しています。

ヤイドロン、仏陀《ぶっだ》、天御祖神《あめのみおやがみ》との関係

質問者Ａ　ヤイドロンさんとの関係は？　仲間？

インドラ　協調関係にありますが、向こうのほうが少し偉《えら》い。私たちは「兵士」ですから。彼はもっと偉い方なので。

質問者Ａ　では、いちおう、提携《ていけい》しているチームということでいいですか。

インドラ　雇《やと》われています。

質問者Ａ　なるほど。そういうことですね。ヤイドロンさん、かっこいいなあ。

インドラ　レプタリアン等が予想しない攻撃《こうげき》を仕掛《しか》けたりするとよくないので。「インドラ」っていう名前は、知られてる名前でしょ？

質問者A　はい。神の名称《めいしょう》です。

インドラ　そうです。神の名称です。そういう名前で出たことがあるんです。

質問者A　デーヴァ神族に属する雷《かみなり》の神、天候の神、軍神、英雄神《えいゆうしん》です。

インドラ　はい。そうです。

質問者A　では、帝釈天なんですね。

インドラ　でしょ？　帝釈天でしょ？　だから、帝釈天は仏陀《ぶっだ》を護《まも》ってた、はい。

質問者A　そうですね。特に、仏教では、「帝釈天」という名前で知られていますね。

インドラ　仏陀の周りによく現れていた者です。

質問者A　あなたが？

インドラ　インドラはね。私たちはインドラ……、まあ、私の名前も「インドラ」ですけど、これは象徴《しょうちょう》的な名前。

質問者A　種族がインドラということ？

インドラ　ええ。リーダーとして「インドラ」と称していますけれども、役割は一緒《いっしょ》なので。

質問者A　インドラ神の役割を演じている種族の方々ということ？

インドラ　そうです。だから、対《つい》になるのが「ガルーダ」でして、これは空から護るので。空から蛇《へび》を食べたり、地上の動物を攻撃するのは、ガルーダっていいまして。私たちは、必要があれば地上に降りてきます。地上に降りてきて、仏陀が瞑想《めいそう》してるときに、虎《とら》とか、いろんな動物に襲《おそ》われたりするようなことがあったり、あるいは悪い人に狙《ねら》われたりするときに、護ることもします。

インドラが護ってるんですよ。古代の人は宇宙人知識がないので。だから、そういうインドラが現れても、まあ、そういう帝釈天だと思ってるということですね。

質問者A　地上に仲間とかはいらっしゃいますか。

インドラ　歩いてたら目立つから、そんなに……（笑）。地上にはそんなにはいませんが、出てくる必要があれば出てきますけど。

質問者A　本当に空から見守っているんですね。

インドラ　ただ、私たちの姿を霊視《れいし》した者がたぶんいるんだと思うので、「ゴジラ」が〝発明〟されていますね。

質問者A　最近（の映画では）、ゴジラは、若干《じゃっかん》、〝救世主的な雰囲気《ふんいき》〟を持ってきているんです。

インドラ　そうなってるんですよねえ。

質問者Ａ　いろいろな怪獣《かいじゅう》を倒《たお》してくれるという（笑）。

インドラ　原型はねえ、仏陀を護るインドラなんです。守護神なんですけどね。

質問者Ａ　では、仏陀の眷属《けんぞく》の何かでもあるということで。

インドラ　そう。「空を護るガルーダ」、「大地で護るインドラ」ですね。

質問者Ａ　アンドロメダには、天御祖神《あめのみおやがみ》様がいらっしゃると思うんですけど。

インドラ　はい。いらっしゃいます。

質問者Ａ　お仕えしていたんですか？

インドラ　はい。今もお仕えしてる。

あと、アンドロメダから来てる人の数が、今のところ少なすぎるでしょ？　あなたがたは三つ四つしかつかんでないと思いますけど、まあ、私たちもいるということなので。

質問者Ａ　アンドロメダ銀河もけっこう大きいですよね。

インドラ　大きいんですよ。

質問者Ａ　だから、本当はたくさん（宇宙人のいる星が）あるのでしょうね。

インドラ　まあ、エナジー星って言って、非常に活発な活動をしてて。

質問者Ａ　エナジー星ですね。エナジー星には、あなたがたのような種族の方のみがいらっしゃるんですか?

インドラ　私たちは、だから、役割は「警察官」なので。

質問者A　では、ほかの種族も住んでるのでしょうか……。

インドラ　星を超《こ》えて、私たちと業務提携している惑星《わくせい》に来て、何て言うかなあ……。

質問者A　警備している関係?

インドラ　警備をしてる。そういう惑星警備をしてるんですよ。

質問者A　あなたは、釈尊《しゃくそん》の時期からというか、エル・カンターレがいらっしゃるときは、見ているということ?

インドラ　釈尊の時代からワープして、今、来ている。

質問者A　あっ、釈尊の時代からが、特に地球とかかわってるという……。

インドラ　私たちの星から出るときに、ワームホールを使うんですけど、何本かあって、時代を設定できるので、「釈尊の時代に出て、用がなくなったら、次は現代に出る」というような感じになってます。

質問者A　なるほど。

エナジー星人の好物と、地球に降りるときの姿について

インドラ　質問があれば聞きます。

質問者A　食べ物について訊《き》いたらおかしいですか。

インドラ　うーん。まあ、言ってもいいですよ。

質問者Ａ　例えば？

インドラ　好物は……（笑）。好物は、あのー、蛇なんです、実は。

質問者Ａ　敵は蛇なんですね？

インドラ　そうなんです。だから、コブラもねえ、仏陀を護る場合もあるんですけど、仏道修行《ぶつどうしゅぎょう》をしてる人たちを噛《か》む場合がありますのでね。だから、蛇をいちおう、ちょっと捕食《ほしょく》しています。

質問者Ａ　人々を苦しめるような凶暴《きょうぼう》な蛇とは戦うわけですね。

インドラ　そうです。それが大きいものになってきたら、われわれもそれなりのものを出してきます。私たちは今、二・五メートルぐらいのサイズにしてるのは、地球に降りるときの適正サイズとして、それ以上はちょっと大きいので。

質問者A　では、本当に地球に降りることがあるんですか。

インドラ　はい。あります。

質問者A　現代も？

インドラ　はい。だから、「蛇は捕食してる」って言ったじゃないですか（苦笑）。蛇を食べても誰《だれ》も怒《おこ》らないから。

質問者A　ゴジラの姿で地上に降りるの？

インドラ　それは、ちょっと、あのね、微妙《びみょう》に説明はしがたいものが。

質問者A　インビジブル・モード（不可視状態）で降りてくるの？

インドラ　まあ、武装をもうちょっとする場合があるので。私たちはゴジラそのものではなくて、外側にちょっと、何だろうかなあ、特殊部隊《とくしゅ》みたいな、（装備として）いろんなものは持っています。

でも、蛇を食べる以外にもね、やっぱり、ときどき、ほかにも人助けはしてるんですね。

質問者Ａ　そうですか。ありがとうございます。では、インドラさんは釈尊の時代から来られたということで。

インドラ　そうです。私は名前を代表して使わせていただいていますけれども、釈尊の時代、いつも見守ってた。帝釈天がいつも見守ってて、ときどき地上に降りてきて、釈尊の周りを右回りにグルグル回って（右繞《うにょう》）、手を合わせて合掌《がっしょう》して、「ありがたいことです。尊いことです」って言ってたんですけどね。もう警備してたんですよ。森林、森のなかでの修行が多かったから。警備がないと危ないから。

質問者Ａ　釈尊の時代のときに絞《しぼ》って来られたというのは、「そこに行くように」という指令が下ったからですか。

インドラ　うーん。まあ、地上には非常に大事な方がいらっしゃるので。そういう人の場合は、地上の人で……。まあ、地上の警備もありますけどね。地上の人たちがやってる場合もあるけど、例えば、今、大救世主が出てもね、警察とか、SPとか、自衛隊とかが護ってるわけじゃないでしょ？　だから、万一《まんいつ》よからぬものとかが来ちゃいけないからね。
　外国とも今ね、いろんな言論戦をやってますから、万一そういうものが来たらいけないでしょ？　そういうときに、私たちが突如《とつじょ》、姿を現しますから。ええ、あっという間に。だから、早いですよ。

天御祖神《あめのみおやがみ》の姿を語る

質問者Ａ　天御祖神《あめのみおやがみ》様のお姿を見たことはありますか。
インドラ　あのねえ、たまにしか見ませんけどねえ、お姿を見ることはできますよ。
質問者Ａ　どんなお姿をされているの？

インドラ　私たちが二・五メートルで出てるって言ってるけど、御祖神様は二十五メートルぐらいあるから、大きいんですよ。

質問者A　姿形《すがたかたち》は伺《うかが》ってもいいものなんでしょうか？

インドラ　うーん。やっぱり巨大《きょだい》なお相撲《すもう》さんみたいな感じですかねえ。

質問者A　では、やはり人型ではあられるのかな。

インドラ　人型ですね。「巨大なお相撲さん型」で、なんか歌舞伎《かぶき》役者みたいな派手な顔立ちとか、メイクをしています。うん。二十五メートルぐらいありますよ。

質問者A　日本の伝統芸能には、そこから来ているものもあるのでしょうか。

『天御祖神の降臨』（幸福の科学出版刊）

『「天御祖神の降臨」講義』（宗教法人幸福の科学刊）

インドラ　たぶん、そこから来てるでしょ。

質問者A　お相撲とか。

インドラ　そうです。

質問者A　歌舞伎とか能とか。

インドラ　ええ。〝子分《こぶん》〟でしょう。

質問者A　では、その天御祖神様の似姿を芸能にしたところがあって、それが今に続いているのかもしれませんね。

インドラ　そうだし、私らは今「ゴジラ型」をしてますけど。

質問者Ａ　日本でゴジラはすごいですからね。

インドラ　「お相撲型」に変わることだって可能ですから。地球に住むんだったらね。

質問者Ａ　では、（アンドロメダには）熊《くま》さんとか、ヒョウとか、豚《ぶた》さんもいらっしゃったということですけれども、それ以外にもいらっしゃるということですね。まあ、（アンドロメダは）おっきいですからね。

インドラ　まあ、熊さんもね、日本では、熊も強い力は持っていますけれどもね。まあ、ゴジラ型っていうのも、ちょっと珍《めずら》しすぎると思うけど。

質問者Ａ　でも、「日本といえば、ゴジラ」という海外の人たちもいますからね。

インドラ　だから、まあ、それはねえ、ゴジラは、救世主のね、〝誕生の予感〟なんですよ。教えてるんですよ。

質問者Ａ　（ＵＦＯの位置が画面上で）すごい下がってきたので、ちょっと、もう一回上げますね。

大川隆法　下がってきた。

質問者Ａ　はい。すごい下がりましたね。

大川隆法　動いてるんですよ。会話してるからね、今、動いてるんですよ。

質問者Ａ　ちょっと止めます。

大川隆法　はい。

質問者Ａ　あなたは男性でよろしいんですよね？

インドラ　はい、男性でいいです。まあ、蛇なんて言って、ちょっと、みっともなかったかな。もうちょっといい……。

質問者A　いえいえ。（そのご発言も）大事です。

家族はいるのか、子供はどのように生まれるのか

質問者A　インドラさんたちは、家族を持ったりするんですか。

インドラ　家族はいちおう、いることはいる場合もありますねえ。だから、いちおう、恥《は》ずかしながら一夫一婦制はやってる。

質問者A　ゴジラの映画のなかには、ミニラ（ゴジラの子供）というのが出てくるんですよ、確か。ミニラで合ってるかな？

インドラ　うーん、まあ、（映画では）卵で生まれることになってるんでしょ？　うーん。

まあ、卵かどうかは、ちょっとどうかな。私たちは、いちおうかたちはそれですけ

ど、もうちょっと進化して、人工孵化器《ふかき》を持っているので。だから、卵で生まれるかどうかは、ちょっと……。まあ、受精して、受精卵が大きくなった段階で、人工孵化器に移して、水中で赤ちゃんとして大きくなるんですよね。

質問者A　うーん。あっ、（調べてみたら、やっぱり）ミニラっていうんだ。

インドラ　うん。そうですね。

質問者A　「パンダルンダ」（大川紫央《しお》著の絵本シリーズ）にも、ミニラ（小さいライオンのキャラクター）が出てきます。名前がかぶってしまいました。

インドラ　いいんですよ。

質問者A　いいですね。

へえー、ゴジラさんですか。

『パンダルンダ 第7話 パンダちゃんとひろいうちゅう』（大川紫央著、幸福の科学出版刊）

インドラ　うん。

宇宙からも威嚇《いかく》警備が必要である理由

質問者A　では、今は日本をメインで警備してくださっているんですか。

インドラ　今日、初めて姿を現したので。帝釈天が現れてないでしょ？　でもねえ、仏典《ぶってん》を読むとねえ、やたら出てきますよ。帝釈天だらけです。

質問者A　今回、初お目見えですが、（今までも）いらっしゃったことはいらっしゃって、見守ってくださっていたということですか。

インドラ　ああ、それはいたんですけど、数が多いのでねえ。〝出る順番〟があるから。だから、ガルーダも護ってるし、私らみたいな者もいるし、あるいは龍《りゅう》がいるでしょう？　龍も逆に……。

まあ、「蛇を食べる」と言いましたが、（龍は）蛇の〝眷属《けんぞく》〟ではあるけど、（蛇が）もう一段霊力《れいりょく》が強くて、神格を持ってきたら、龍になるんですよね。龍っていう、霊《れい》体《たい》、かつ、この世にも姿を現すことができる者がいることはいるので。今は地上にほとんど存在してませんけどね。はい。だから、宇宙にはいます。龍はいますねえ。

龍、ガルーダ、それから私たち。それからもう一つは、〝あっち〟がいますねえ、「白虎型《びゃっこ》」の者もいることはいるので。

まあ、それぞれ獰猛《どうもう》なんですけど、役割を与《あた》えられた者は警察官のような意識を持っているので、護ることをしていますねえ。

質問者A　なるほど。ちなみに、違う方のことをお訊きして申し訳ないんですけれども、よくヤイドロンさんが出てきてくださっていますが、あなたたちから見たら、ヤイドロンさんというのはどういうお立場の……。

インドラ　そうですねえ。うーん。〝警視総監《そうかん》〟ぐらいの感じ？

質問者A　今、実は左手側に（ヤイドロンさんのUFOが）いらっしゃって。

インドラ　ええ。あとでお訊きになったほうがいいんじゃないですか。

質問者Ａ　警視総監……。

インドラ　まあ、「警官から見れば」ですけどね。ほかから見たりする見方をしたら違うかもしれない。

質問者Ａ　まあ、エル・カンターレというか、そういう大切な人の……。

インドラ　（ヤイドロンさんは）責任者で今、見張ってると思います。

質問者Ａ　エル・カンターレ系の神を護るときの組織は、あなたたちということで考えてよろしいんですか。

インドラ　そうそう。ほかにもいますけどね。

質問者Ａ　ほかにもいるけど、代表的に？

インドラ　ただ、宇宙は広いからね、隙《すき》を見せたらさ、変な人が来るといけないでしょう？　だから、あなたがたは、アブダクションなんか望んでるように見えることもあるから。スッと盗《ぬす》みに来られると困るから。だから、見張ってるんですよ。

質問者A　やっぱり、そういうことがあるんですか。本当にアブダクションされるのですか？

インドラ　ありますよ。ありえますよ。だから、われわれが警備を解けば、やられる可能性がないとは言えない。

質問者A　怖《こわ》いですね。

インドラ　もう見つかってますので。

質問者A　アブダクションをしてくる人というのは、だいたい決まっているんですか。

インドラ　うん。だから、敵……、あなたがたから見たら〝敵〟に当たるところと連携関係にあるような宇宙人が来る可能性はあります。

質問者A　闇《やみ》宇宙系とかの。

インドラ　ええ。とか、あなたがたが出てくることによって不利になる人たちと関係の深い者たちですね。

警備が要《い》るんですよ。いないと、やっぱり……。

質問者A　本当にありがとうございます。宇宙からもこうやってずっと護ってくださっていたんですね。

インドラ　いやあ、だから、あのねえ、いわゆるグレイごときが来て、あなたがたをビームで吸引するなんてことは絶対許せないので。

質問者Ａ　まあ、それは許せないですねえ、確かに。

インドラ　ええ、それはさせませんので。それで、われわれも、だから、見えるところにいるので、ええ。威嚇《いかく》警備をしてる。

質問者Ａ　本当に尊いお仕事を、ありがとうございます。

「インドラ」の名前を使えるということは、どういうことか

大川隆法　右に今、動いていっているね。

質問者Ａ　本当だ。右斜《みぎなな》め下に動いています。

大川隆法　うーん。初めてでしたね。エナジー星人。

質問者Ａ　初めてでした。はい。アンドロメダ銀河。

大川隆法　うん。アンドロメダにも、（宇宙人が）ほかにもいたということですね。

質問者Ａ　エナジー星のインドラ様でした。……帝釈天。

大川隆法　インドラ様。「インドラ」という名前を使えるということは、やはりかなり〝近い（存在）〟ですね。「インドラ」というのは、仏教にとって大事な……。

質問者Ａ　先生をずっと護っている方々ですね。尊いお仕事です。

大川隆法　護っている。うん。もしかしたら不動明王《ふどうみょうおう》なんかも、インドラの〝変化形〟かもしれません。もうちょっと怒ったときの形相《ぎょうそう》なのかもしれませんけど。

質問者Ａ　そうですね。ありがとうございます。感謝しております。

大川隆法　ありがとうございました。（今日のＵＦＯは）これ、三つ目が出てきたんじゃない？　二つしかなかったのにね。これが出てきて。あちらは今のところ……、反応がさっきなかったので。

質問者Ａ　ここは全然雲もなかったのに、先生が来たら……。

大川隆法　出てきたんだろう？

質問者Ａ　出てきて、光が灯《とも》ったから。

大川隆法　そう。急に出てきたから。

質問者Ａ　星だと、ずっとあるはずじゃないですか。光としては。

大川隆法　なかったのが出てきた。パアッと出てきたから。

質問者Ａ　なかったのに出てきたから、まあ、分かりやすいかな。

大川隆法　姿を現したんでしょう。雲の下だね。

質問者Ａ　素晴《すば》らしい。ありがとうございます、貴重でした。

大川隆法　ヤイドロンさんも、ちょっとだけ訊かなきゃいけないのかな。

質問者Ａ　ということかな（この後、ヤイドロンのＵＦＯリーディングを収録。『ＵＦＯリーディング　救世主を護る宇宙存在ヤイドロンとの対話』所収）。

『ＵＦＯリーディング
救世主を護る宇宙存
在ヤイドロンとの対話』
（幸福の科学出版刊）

第3章

〝格《かく》闘《とう》技《ぎ》のルーツの星〟からの「地球のヒーロー復活」の願い

―

いるか座惑星《わくせい》ミゲル

マッカートニー

2018年11月15日 収録　幸福の科学 特別説法堂《せっぽうどう》にて

いるか座惑星《わくせい》ミゲル星人が地球に期待していることとは

大川紫央　はい。

ミゲル星人　はい。いるか座から来た惑星《わくせい》ミゲル星人。

大川紫央　いるか座から来た惑星ミゲル星人。

ミゲル星人　はい。ミゲル星人です。

大川紫央　以前、一度、映ってくださいましたか（『「UFOリーディング」写真集』参照）。

ミゲル星人　はい。

大川紫央　同じ方でよろしいですか。

2018年11月15日、東京都上空に現れたUFOの画像。

ミゲル星人　はい。

大川紫央　あなたは男性ですか、女性ですか。

ミゲル星人　男性です。

大川紫央　男性。

ミゲル星人　はい。

大川紫央　こちらにいらしたのは、何かメッセージがおありだからですか。

ミゲル星人　うん。ヒーローをねえ、ヒーローをねえ……。

大川紫央　ヒーロー？

『「UFOリーディング」写真集』（幸福の科学出版刊）

ミゲル星人　うん。「ヒーローの復活を期待している」ということを言いに来たんです。

大川紫央　ヒーローの復活を期待している？

ミゲル星人　ヒーローが必要なんです。今の地球にはヒーローが必要です。真のヒーローが必要です。

大川紫央　うん、うん。あなたのお名前は？

ミゲル星人　私の？

大川紫央　はい。

ミゲル星人　うん……。「マッカートニー」と、通称《つうしょう》呼ばれています。

大川紫央　マッカートニー？　ビートルズみたいですけれども……。

マッカートニー　そうですねえ。

大川紫央　関係はない？

マッカートニー　うーん……。

大川紫央　（ヘリコプターの音がする）今日はヘリコプターがよく飛んでいます。

大川隆法　そうですね。今、多少、（ＵＦＯが）動いていますね。

大川紫央　マッカートニーさんは、地球を今、注目して見られている？

マッカートニー　うん。だからねえ、ヒーローたちにね、目覚めてほしいと思っているんですよ。

大川紫央　ヒーローたちに目覚めてほしい？　あなた様の言うヒーローとは、どんなヒーローでしょう。

マッカートニー　だからねえ、やっぱり、善悪を峻別《しゅんべつ》してね、悪を倒《たお》して、人々を助ける人たちですね。それがいろんな国にいなくちゃいけないんですよ。やっぱりねえ、ヒーローが必要ですよね。そういう人たちを強めたいと思っているんですよ。

各種格闘技《かくとうぎ》のルーツのような星？

大川紫央　いるか座の方としては、最近、イモ類を（地球に）持ち来たらしてくださった……。

マッカートニー　ああ、〝ヤーコン星人〟たちね。

大川紫央　そうそうそう。その方々がいらっしゃったりしたのですけれども（『ＵＦ

Oリーディング　世界伝道を守護する宇宙人』参照）、その方々とは、また別の……。

マッカートニー　うん、別ですね。

大川紫央　ふうーん。あなたたちの星は、ヒーローを生み出すような星ということですか。

マッカートニー　そうですね。私たちのところは主として、うーん……、まあ、精神修行《しゅぎょう》の星もあるんだけど、私たちのところは、どちらかというと格闘技《かくとうぎ》系で、訓練をやっているところですね。

大川紫央　ええ……？　そんな星があるのですか。

マッカートニー　はい。格闘技、いろんな各種格闘技のルーツみたいな星なんですよね。

『UFOリーディング　世界伝道を守護する宇宙人』（宗教法人幸福の科学刊）

大川紫央　本当ですか？

マッカートニー　うん、本当にそうです。だから、地球にある格闘技はほとんど全部あります。

大川紫央　あっ、そうなのですか。地球的に言えば、西洋、東洋問わず？

マッカートニー　はい。西洋、東洋、アジア、その他、未開の地も含《ふく》めて、いろんな闘《たたか》い方はみんなどこも持ってるけども、ルーツみたいなものはありますね。

大川紫央　（ブルース・リーの師匠《ししょう》の武道家の）イップ・マンは知っていますか。

マッカートニー　イップ・マン、知ってますよ。

大川紫央　イップ・マンは、いるか座ですか。

マッカートニー　イップ・マンは……（笑）。

大川紫央　（笑）そういうことではないのですか。

マッカートニー　いるか座かどうか、ご本人に訊《き》いてもらわなきゃいけないけども、ああいうかたちでのヒーローは存在してますね。だから、一通りの、ああいうカンフー型というのも、一つのかたちとしては存在してます。

大川紫央　では、俳優さんたちでも、すごくアクションがうまい方とかは、そちらから来たりもしているのですか。

マッカートニー　ああ、はい。そういう方もいるでしょうね。だから、ルーツですね。

大川紫央　では、本当に、映画とかで出てくるような、肉体でも悪と戦うヒーロー的な人を、どうにか目覚めさせようとしているということですか。

マッカートニー　うーん、そうそうそうそうそう。何かそういう人をつくりたいと思っているんですよ。

だからねえ、やっぱり「肉体の鍛錬《たんれん》」も要《い》るので。「頭脳」だけで戦う方もいるとは思うんですけども、現実にはね、やっぱり、強くなければいけないときもあるからね。だから、時代的にヒーローをいろいろ出さなきゃいけないのでね。そういう星があるんですよ。

だから、惑星ミゲルはねえ、そうしたさまざまなチャレンジングな格闘技の練習をやってるところですよ。

大川紫央　そうなんですね。

ミゲル星人の姿形《すがたかたち》やミゲル星出身の有名人とは

大川紫央　人型でよろしいのですか。

マッカートニー　うーん、まあ、人型と言やあ、基本形はそれに近いけど、外見はちょっとずつ違《ちが》います。人に毛が生《は》えたような、ちょっと……。

大川紫央　人に毛が生えた……。

マッカートニー　というか、ちょっと変化したぐらいの形が多いから。

大川紫央　地球の生物でたとえると、似ているものはありますか。

マッカートニー　まあ……、人間型の哺乳類《ほにゅうるい》とかは似ているかもしれませんねえ。

大川紫央　人間型の？

マッカートニー　哺乳類はねえ。うーん。だから、人間以外にも、二足歩行をしてパンチが打てるようなものはいますからね（笑）。

大川紫央　いますでしょうか。

マッカートニー　いますよ、それは。

大川紫央　……いる？

マッカートニー　いますよ。

大川紫央　例えば？

マッカートニー　ゴリラとか。

大川紫央　ああー！

マッカートニー　ゴリラとか、カンガルーとか。ボクシングをやりますよ。

大川紫央　ああー！　やりますね。

マッカートニー　強いですよ。

大川紫央　ああいうかたちもあるわけですね。

マッカートニー　まあ、あそこまで極端《きょくたん》じゃないかもしれないけどね。ちょっと違いがあるけどね。うん。

いやあ、私たちの星で訓練して、魂《たましい》だけ地球人に生まれ変わったりすると、すごいパワーを持った人間として出てくることは多いですね。

大川紫央　誰《だれ》か有名な人とかいますか。

マッカートニー　うーん……、そうだねえ。短い人生だったけど、ブルース・リーとかね。

大川紫央　ああ！　いるか座なのですか。

マッカートニー　うーん。

大川紫央　なるほど。それは分かりやすいです。なるほど、なるほど。そうだったんですか。

マッカートニー　日本だと、あのー……、チャンバラをやった人もいたねえ。ええ……、黒澤明《くろさわあきら》の映画で。

大川紫央　三船敏郎《みふねとしろう》？

マッカートニー　「世界のミフネ」ね。

大川紫央　三船さんもいるか座ですか。

マッカートニー　うん、うん、うん。

大川紫央　本当ですか。

マッカートニー　いるか座から来ている。うん。だから、ああいうヒーローも……、まあ、これは役者だけどね。だけど、真の格闘家も、ときどき持ってるね。

大川紫央　ふうーん。なるほど。女性もいるのですか。

マッカートニー　いますよ、女性も。

大川紫央　男女両方いるのですね。

マッカートニー　女性もいます。今は女性のニーズが多くて、困ってますけどね。

大川紫央　そうなのですか。

大川隆法　（ＵＦＯは）動いていますね。下から見ても、遠くで動いて見えるんですね。

大川紫央　ああ、私たちもよくヒーロー系の映画を観《み》ていますからね。

マッカートニー　ええ、あなたがたもお招きしてもいいなと思ってるんですよ。

大川紫央　本当ですか。

マッカートニー　うん、一回鍛《きた》え直したほうがいいんじゃないですか。

大川紫央　（笑）体が痛くなりそうですね。

マッカートニー　痛くなるかもしれませんけどね。

ミゲル星の生活様式について訊《き》く

大川紫央　何を食べていますか。タンパク質を摂《と》らなければいけない?

マッカートニー　ヘヘッヘッヘッ(笑)。そうですねえ。プロテインは必要になりますね、どうしてもね。プロテインは必要になりますけど。まあ、それは、イモ類のところもありましたですが(笑)。イモで戦うのもあるけども。

まあ、そうですねえ、でも、うーん……、肉類は、やっぱりいちおうあることはありますね。

動物はいっぱい住んでるので。私たちがいちおう飼育しているものたちとか、養殖《ようしょく》しているものとかいろいろありますから、そういうものは摂ってますよね。

大川紫央　ふうーん。

例えば、今日のUFOは何人乗りですか。

マッカートニー　今日はねえ、三十人乗りです。

大川紫央　おお、けっこういらっしゃいますね。どんな形をされていますか。

マッカートニー　今日の形はですねえ、菱形《ひしがた》みたいな感じかな。

大川紫央　へえー。菱形で一階建てですか。

マッカートニー　菱形で、上がちょっと出てる感じかな。上が出てるので、まあ、二階建てですかね。

大川紫央　ミゲル星人の方は眠《ねむ》ったりするのですか。

マッカートニー　眠りますよ。眠ることは眠る。

大川紫央　人間とすごく違うところはありますか？

マッカートニー　人間との違いは、最低一日三時間は、格闘技練習に近いハードなあれをやらないと、何か体がなまってしょうがない。

大川紫央　全員？

マッカートニー　ほぼね。

大川紫央　へえー、そうなんですね。

マッカートニー　筋肉系なんですよ。〝筋肉系マッチョ〟なんです。

どのような信仰《しんこう》や精神を持っているのか

大川紫央　ミゲル星の方は信仰《しんこう》を持ったりされているのですか。

マッカートニー　それはありますよ。やっぱり、礼儀《れいぎ》正しいし、信仰を持つことはありますねえ。

大川紫央　ああ、そうですよね。ヒーローのもとは神様ですものね。

マッカートニー　ええ。だから、あなたがたはヒーロー映画も好きだけど、私たちも、チャンスがあればジョインしたいなあと思ってるんですよね。

大川紫央　（アメリカでヒーロー映画をつくっていた）スタン・リーがね……。

マッカートニー　そうなんですよ。

大川紫央　知っていますか。

マッカートニー　知ってるよ。いやあ、私たちも、いちおう尊敬はしてたので。（亡《な》くなったことが）「ああ、惜《お》しいな」と思って。「次は大川隆法さんに頑張《がんば》ってもらいたいなあ」と思って。

ヒーロー映画をつくってほしいね。

大川紫央　ミゲル星の「善悪」は、どんな感じで教わるのですか。

マッカートニー　基本は、「弱きを助け、強きを挫《くじ》く」ような感じはあるんだけど、何て言うか、裏表《うらおもて》のある人間があんまり好きでないですねえ。

大川紫央　ああー。「正々堂々」が好きなのですね。

マッカートニー　騙《だま》したり、裏表があったり、何か罠《わな》にはめたりするタイプのは嫌《きら》いで、やっぱり、「正々堂々戦って勝つ」っていう強さかなあ。そういうものを求めてますね。

大川紫央　エル・カンターレは知っていますか。

マッカートニー　もちろん知ってますよ。それは知ってます。

大川紫央　最終的には、ここに信仰が行くのでしょうか。

マッカートニー　うーん、まあ、グルッと回ってね、行くかな。グルッと回ったら行くけど。

今はねえ、いや、私たちは今、ニーズがあっていっぱい来てるけどね、「スーパーマンに変身したきゃ手伝いますよ」って、こう言ってるわけですよ。

大川紫央　本当ですか。では、手伝ってもらわないといけないかもしれないですね。

マッカートニー　うん、そう。だから、私たちのこの導きの光線を受ければね、必ずや、また復活して、強い力を持つことができる。

スタン・リー亡きあと、頑張ってね、やっぱり、自分もヒーローに憧《あこが》れなければ、ヒーローの映画なんかつくれないかもしれませんね。

大川紫央　今、注目している人は地球でいますか。

マッカートニー　そうですねえ……、やっぱり、プーチンさんなんかもね、柔道《じゅうどう》でだいぶ鍛えたその精神力を政治に生かして、〝寝技《ねわざ》〟〝立ち技〟、両方使ってやっていますからね。

ああした柔道精神が入った政治家みたいなのが、まだ頑張ってるので、何かね、彼にも道を開かせてやりたいなあとは思っていますよ、私はね。

大川紫央　柔道とか剣道《けんどう》もありますか。

マッカートニー　ありますよ、いちおう。

大川紫央　いるか座にあるのですか。

マッカートニー　あります。

大川紫央　へえーっ。

マッカートニー　あります。一通り取り揃《そろ》えてますよ。

大川紫央　武道の精神が……。

マッカートニー　えっ？

大川紫央　武道の精神。

マッカートニー　まあ、フェアー……、フェア……、何て言うか、「フェアネス（公正・公平さ）」ですよ。

大川紫央　礼儀作法《さほう》もみんなあるよね。

マッカートニー　あります。だから、オリンピック類似《るいじ》の？　オリンピック類似のものも、ちゃんとありますしね。

大川紫央　ああ、もうすぐ「東京オリンピック」です（収録当時）。

マッカートニー　ええ。そういうものもあるし、あと、そういうところの選手のなかにも、われわれが指導してる者もあるし。

また、「宇宙オリンピック」じゃないけども、いろんな星から来て、ときどき、大会をする場合もあります。

大川紫央　体育会系に……。

マッカートニー　〝体育会系〟といわれたら、それまでですけど。

大川紫央　でも、精神が宿っているのですね。

マッカートニー　うん、精神。「礼儀正しさ」とか、「無私《むし》の心」とか。

大川紫央　なるほど。「無私の心」とか。

マッカートニー　うん。それと、あなたみたいに「邪悪《じゃあく》なものをはびこらせたくない」っていう気持ちは、はっきり持ってますね。

ミゲル星の神について

大川紫央　神様はいらっしゃいますか。

マッカートニー　うん。いちおう、いるとは思って信仰してますけどね。ミゲル星の神様は、男性かと思いきや、意外に女性なんですけどね。

大川紫央　あっ、そうなんですか。

マッカートニー　うん。女性の神様らしいんですけど。

大川紫央　すごいですね。

マッカートニー　何かすごい、何て言うか、すごい超能力《ちょうのうりょく》を持った女性の神様らしいんですけどね。

大川紫央　では、超能力に通じていくところもあるのですか。

マッカートニー　うん。肉体を、筋肉を鍛えることが、超能力、念力《ねんりき》をすごく強くすることになるんですよね。

大川紫央　はい、はい、はい、はい。

マッカートニー　だから、「フォース」を持ってるんですよねえ。それがすごいらしいですね。

大川紫央　あまりお会いできないのですか。

マッカートニー　そうね、神様だからねえ。

大川紫央　まあ、そうですよね。

マッカートニー　そんな簡単には会えないけど。何かそうした「武道の精神」を束《たば》ねていらっしゃるらしいっていう。そういう方がいらっしゃる。

大川紫央　「武道の精神」を束ねている。

マッカートニー　直接は会えないんで、よく分からないんですが、名前は「ニーナさん」と呼んで……。

大川紫央　ニーナさん。

マッカートニー　女神《めがみ》で「ニーナ」っていうのが、ミゲル星の神ですね。何か、武道がとてもお好きらしい。だから、武道というか、オリンピックみたいな精神が、すごく好きみたいですね。

大川紫央　ああー。昔、オリンピックのもとになるものが、ギリシャにあったりしましたからね。

マッカートニー　そうそうそうそうそう。そういうのに関係があるということ。

大川紫央　「発祥《はっしょう》に」ですね。なるほど。へえー、面白《おもしろ》いですね。そうですか。

ミゲル星と地球の関係とは

大川紫央　ちなみに、体の大きさはどのくらいですか。

マッカートニー　私は、二メートル三十センチぐらいの高さ。

大川紫央　ああ、じゃあ、大きいのですね。

マッカートニー　体重は百二十キロぐらいかなあ。

大川紫央　大きいですね。

マッカートニー　いちおう、プロレスラーと戦えるぐらいの体はしてますねえ。

大川紫央　なるほど。では、武道、武士道をお持ちということで、日本とも親近感はありはするということですね。

マッカートニー　うん、日本にも大きくは入ってますよ。日本の武士道にも一本入っていますから。

大川紫央　そうですね。精神がありますからね。

マッカートニー　ええ。だから、日本人にも、うちの世界から来ている者はいるはずです。

大川紫央　なるほど。へえーっ。

以前、アルモナイト星とか、スーパーマンの原型になったというところからもいらっしゃったりはしていましたけれども（『ＵＦＯリーディングⅡ』参照）、交流はあったりしますか。

マッカートニー　ときどき会いますから、地球でね。会うので、それは敵対関係でなければ、たまには交流しますよ。

大川紫央　特に交流が深い星とかあります？

マッカートニー　私たちみんな、何て言うか、「地球駐在員《ちゅうざいいん》」ですからねえ。

大川紫央　あっ、そうなんですか！　ずっと地球の上空にいるのですか。

マッカートニー　任期の間はね。

『ＵＦＯリーディングⅡ』
（幸福の科学出版刊）

大川紫央　そうなのですか。

マッカートニー　ええ。

大川紫央　それで、地球の指導というか、強化というか……。

マッカートニー　ええ。そうそうそう。だから、強化選手に当たるような者や、ヒーローの原型に当たるような人を一生懸命《いっしょうけんめい》に探しては、鍛えてるんで。まあ、指導神を務めてる。

もっと大きな仕事をするためにするべきこととは

大川紫央　では、最後に、何かメッセージがありましたら。

マッカートニー　そうだねえ、やっぱり、体を労《いたわ》ってるのも大事だけど、強くならないと、もっと大きな仕事はできなくなるから、また、少しずつ強くしていきましょうね。

大川紫央　あっ。私たちのことですね。

マッカートニー　そうそうそう。

大川紫央　分かりました。

マッカートニー　歩いても、基本的には強くなるけど、それだけではたぶん足りないから、きっとまたね、年を取ってからでも、やはり剣道の素振《すぶ》りぐらいはできるようにならないと。

いや、八十歳《さい》でも九十歳でもやってますよ、やれる人は。その程度の筋力がついてないと、念力が弱くなるので。悪霊《あくれい》や生霊《いきりょう》に対して、「よく〝かかって〟くる」っていうのは、それは体が弱ってる証拠《しょうこ》なんだよ。

それを跳《は》ね返すだけの力が必要で、それが「筋力」なんですよ。筋力から発生するところの「フォース」に、そうした生霊とか悪霊を追い返す力があるんですよ。「生霊が多い」っていうのは、ちょっと体が弱ってるとも見えるので。強いと一瞬《いっしゅん》でそれを弾《はじ》き飛ばす。「とても敵《かな》わない」と思うと、寄ってこないところがあるんで。あんまり、精神的にというかね、「書斎《しょさい》の人」でもあることも大事だけど、それだけでは駄目《だめ》だね、やっぱり。難しいけど、両方やってこそ、やっぱり本物になるんですね。

大川紫央　では、また、そういう支援《しえん》もしてくださいますか。

マッカートニー　はい。

大川紫央　よろしくお願いします。

マッカートニー　心のなかで強く思っていれば、そういうふうになれると思いますよ。

大川紫央　分かりました。では、今後ともよろしくお願いします。ありがとうございます。

UFOリーディング 19

第4章

働きすぎへの注意と
救世運動へのアドバイス

―

ワークスルー星／
いるか座惑星《わくせい》ミゲル　マッカートニー／
うお座エンゲル星ゲッペルス

2018年11月20日 収録　幸福の科学 特別説法堂《せっぽうどう》にて

うお座エンゲル星人

うお座エンゲル星の宇宙人。地球ではヨーロッパを管轄《かんかつ》しており、現代文明に対して、贅沢《ぜいたく》を慎《つつし》むことの大切さを教えるためにエコの指導を行《おこな》っている。ヤギとザリガニを合成したような姿をしている。

1　ワークスルー星人

ワークスルー星人が世界で行《おこな》っている〝運動〟とは何か

大川隆法　はい。誰《だれ》か……、そこにいるのは、どなたさんですか。もし短く答えることができたら、お願いします。〝トロンさん〟じゃないんじゃないかと思うんですけれどもね。

（約十秒間の沈黙《ちんもく》）

何だか、（宇宙人は）「ワークスルー星」とか言ってくるんだよね（笑）。

大川紫央　ワークスルー星？

2018年11月20日、東京都上空に現れたUFOの画像。

大川隆法　英語を二つ合わせたような……（笑）。

大川紫央　「ワーク（work）」、「スルー（through）」？（笑）

大川隆法　うん。「ワークスルー星」って、「サボる」ということかな。「ワークスルー」。

大川紫央　（ワークを）〝スルーした〟ということでしょうか。

大川隆法　あっ、でも、ちょっと上下しているなあ。ちょっと上下している。

大川紫央　（UFOが）動いてはいますねえ。

大川隆法　上下していますね。
（宇宙人は）「ワークスルー星」と言っているんだけれども、〝怠《なま》け者の星〟かなあ。
何だろう？

「ワークスルー星」というのは、初めて聞きました。初めてのように思いますが、何か言いたいことはありますか。

ワークスルー星人さん。「ワークスルー星人さん」というのは何ですか。

ワークスルー星人　〝世界の働きすぎに注意しよう運動〟をやっております。

大川紫央　おお。〝世界の働きすぎに注意しよう運動〟？

ワークスルー星人　主として〝先進国の休暇《きゅうか》を増やす運動〟をやっております。

大川紫央　へええ!?

大川隆法　本当かねえ（笑）。信じられない。日本もやっていますけれどもね。

大川紫央　それは何星からですか。ワークスルー星？

ワークスルー星人　ワークスルー星。

大川紫央　本当に？（笑）

大川隆法　まあ……（笑）、英語をくっつけたような感じではありますけれども。

大川紫央　地球（の言葉）に翻訳《ほんやく》するとそういう……。

大川隆法　ことだろうね。

大川紫央　地球（での名前）ということでしょうか。

大川隆法　（宇宙人は）「『ワークスルー星』と言えば、いちおう、まあ……。意味不明（な名前）なら（地球人には）分からないから」と、そう言っていると……。（言っていることは）本当だなあ。でも、すぐに仕事が終わりそう。
はい。あなたは、言いたいことはありますか。

ワークスルー星人　いやあ……、もうちょっと仕事を楽にして、みんな、人生をゆっくりと豊かに過ごそう。

大川紫央　（苦笑）なるほど。

大川隆法　ありがたいのですけれども、大丈夫《だいじょうぶ》でしょうか。

ワークスルー星人の姿や食べ物について

大川紫央　ちなみに、お姿は？

大川隆法　どんなお姿ですか。

ワークスルー星人　はい。いつも横になって、片肘《かたひじ》ついて寝《ね》ておりまーす。

大川紫央　人型でよろしいですか。

大川隆法　ええとね、まあ、似てはいるが、ちょっと似ていないところもある。人型のように見えて、その周りが、ダブついた……、ダブついた、何て言うのかなあ、羊で織った服みたいな？　長袖《ながそで》の。

大川紫央　はい。モコモコしたやつですね。

大川隆法　柔《やわ》らかいモコモコした、ああいう部屋着みたいなものを着て、ソファの上で片肘ついて横たわって……。

頭に、なぜか丸い角《つの》？　なんか、羊の角みたいな、丸くなって敵を攻撃《こうげき》できないような丸い角みたいなのが生《は》えているように視《み》えますね。

大川紫央　羊さんではなくて？

大川隆法　顔は人間っぽい顔をしていますが。

大川紫央　なるほど。

大川隆法　うんうん。何して食べているんだろうね？

大川紫央　お仕事は〝休もう運動〟ですか。

ワークスルー星人　そうですね。

大川隆法　で、（ワークスルー星人は）「草食です」と言っているね。ベジタリアン。

ワークスルー星人　ベジタリアンでーす。

大川紫央　ベジタリアンですか。

ワークスルー星人　うん。肉食系は戦闘《せんとう》系で、戦うので、世の中がたいへん厳しくなるから、〝草食系運動〟をやってまーす。

大川紫央　なるほど。
ちょっとカメラに映りづらくなりましたね。

大川隆法　うん。では、短くいきますかね。ほかに訊《き》きたいことはありますか。（ＵＦＯが）ちょっと隠《かく》れてきましたね。木にもう隠れてしまったね。

大川紫央　すみません。ちょっと、だいぶ映っていなかったかもしれないです。

大川隆法　ワークスルー星人。ワークスルー星人……（笑）。スルーしてしまいました。

大川紫央　では、このへんで。

大川隆法　はい。

大川紫央　すみませんでした。

2　再び現れた惑星《わくせい》ミゲルの「マッカートニー」

惑星ミゲルのマッカートニーが再び来た理由とは

大川隆法　あら？（宇宙人は）「ミゲル」と言っている。「ミゲル」というのは、この前、来た？　来なかった？

大川紫央　ミゲル？

大川隆法　この前、来なかった？

大川紫央　えっと、惑星《わくせい》ミゲルですか。

大川隆法　惑星、ミゲル星。

2018年11月20日、東京都上空に現れたUFOの画像。

大川紫央　えっとね、来ました。ヒーロー星……。

大川隆法　来たよね。何しに来たんだっけ？　何しに来たのかな。この前と同じ位置かな？　これ。

大川紫央　そうですね。

大川隆法　（約五秒間の沈黙《ちんもく》）ミゲル。……ミゲル。

大川紫央　ミゲルさんは、〝マッカートニー〟さんでした（本書第3章参照）。

大川隆法　〝マッカートニー〟さんか。〝マッカートニー〟さんでしょうか。

マッカートニー　そうです。

でもね、ヒーローはね、戦う人だけではないんですよ。〝マッカートニー〟っていう名前もあるけど、「音楽」とか「演劇」とか「ドラマ」とかでも、ヒーローはあるんですよ。

大川紫央　ああ、そうなんですね。

マッカートニー　うん。だから、歌を歌う人にだってヒーローはいるし、演技する人にもいるし。まあ、芸術系もちょっとは関係があるんですよ。

大川紫央　なるほど。前回、それを言えなかったから（来られましたか）？

マッカートニー　うん、うん、そうです。「惑星ミゲル」なんですけれどもね。何か訊《き》きたいことはありますか。

大川紫央　どうでしょうね。前回のお話だと、格闘技《かくとうぎ》系でしたもんね。

マッカートニー　うん、そうですね。「格闘技系の……」と言いましたね、うん。

強くなってほしいと思ったら、あと、なんか、痛めちゃって、ごめんなさいね。

大川紫央　（笑）いえいえ、大丈夫《だいじょうぶ》ですよ。

マッカートニー　（前回は）檄《げき》を飛ばしすぎて奮起しちゃったかもしれないので……。

大川紫央　あっ、それで心配になって来てくださった？

マッカートニー　うん、そうなんです。だから、「もっと、剣道《けんどう》ぐらいはできるぐらいにならなきゃ駄目《だめ》だ！」みたいなことを言ったような気がするんですけど。で、週末にちょっと奮起して、最後の一押《ひとお》しで何かちょっと痛んだみたいで、申し訳ないです。奥様《おくさま》に迷惑《めいわく》をかけ、申し訳ありません。

大川紫央　いえいえ。お休みできたので、ちょうどよかったですよ。

マッカートニー　そうですかあ？

大川紫央　先週、総裁先生はとてもお働きされたので、ちょっと休息を入れなければいけなかったので、よかったですよ。

マッカートニー　やっぱり、鍛《きた》えるだけじゃ駄目……。ああ、さっき、〝草食系の方〟が来てましたよね？　だからね、「鍛えるだけじゃ駄目ですよ」ということですね。

ブルース・リーが早く亡《な》くなった理由を語る

大川紫央　お訊きしたかったのですけれども、格闘技とかで肉体を鍛えると、やはり負傷はするじゃないですか、肉体を持っている以上。

マッカートニー　そうですね。そのとおりです。

大川紫央　そのときに治す方法とか、その得意技《わざ》とかは、何かあるのですか。

マッカートニー　まあ、医者っていうのは存在し、ヒーラーっていうのが存在はしますけどねえ。

大川紫央　ああ。ヒーリングパワーを持つ人はミゲル星にもいるんですか。

マッカートニー　いや、だけど、簡単には治りませんねえ（笑）、やっぱり。

大川紫央　ああ、やはりそうなんですね。

マッカートニー　強い運動をすれば、ちょっと時間がかかりますね。だから、大きな故障をすれば、やっぱり、半年、一年まで行く人もいるし、まあ、それは骨折とかもありますからね。ただ、まあ……、しかたがないですね。付きものですね。激しい運動には付きものなんで。まあ、やっぱり、運動は〝人の加減〟によってやらないといけないですね。

大川紫央　例えば、その星から来られたと言っていたブルース・リーさんなんかも……。

マッカートニー　いや、早く死んじゃったよねえ。

大川紫央　そうですね。わりと……。

マッカートニー　三十過ぎですかね？

大川紫央　そうですね。

マッカートニー　（三十）二、三で死んじゃったからね。

大川紫央　やはり、ちょっと肉体を使いすぎたところがあるんですかね？

マッカートニー　いやあ、それは、（使い）すぎたでしょうねえ。

もうちょっと、誰《だれ》かが、ちょっとスローダウンするように言っておれば、六十ぐらいまでは行けたかもしれないんですけどね。ちょっと頑張《がんば》りすぎちゃったかな。だから、まあ、お金の問題とかね、いろいろあったんだと思うけどね、ええ。

大川紫央　では、やはり「バランスが大事」というのは一緒《いっしょ》なんですね。

マッカートニー　そうなんです。やっぱり、「鍛える」のと「休む」のと、それから、徐々《じょじょ》に（体を）つくったり、まあ、何て言うかね、栄養を摂《と》ったり、精神的なものとか、やっぱり、そういう経営とかね、いろんなものが絡《から》んでくるからね。まあ、慣れないことは、やっぱり難しいしねえ。

いやあ、自分で主演をやって、経営責任も負ったりすると、けっこう大変ですよね。まあ、スポーツ選手は寿命《じゅみょう》が短いことが、やっぱりちょっと多いんですけどね。まあ、でも、そういう戦いが必要な時期もあるんでね。そういうときに鍛えなきゃいけないので。

大川紫央　なるほど。

ジョン・レノンが音楽を通して伝えたかったことをどう見るか

大川紫央　マッカートニーさんは、本当にビートルズとかと関係があったりするんですか。

マッカートニー　ハハハ……（笑）。あるかもしれませんよ。

大川紫央　あっ、本当に？

マッカートニー　本当はね。

大川紫央　まあ、歌とかでも、人を鼓舞《こぶ》できますものね。

マッカートニー　ええ、そうなんです。英雄《えいゆう》ですよ。やっぱり、ヒーローはヒーローですから。

大川紫央　歌を聴《き》いて、心をいい方向に持っていくこともできますしね。

マッカートニー　おたくには、友達が行ってるでしょ？

大川紫央　友達？

マッカートニー　うん。

大川紫央　……ああ、ああ、ああ！　そうですね。ジョン・レノンさんですね。

マッカートニー　そう。ジョン・レノンさんが、歌の手伝いに行ってるでしょ？

大川紫央　そうですね。ジョン・レノンさんは？

マッカートニー　まあ、でも、これは一回リーディングしたほうがいいかもしれないねえ。私があまり言うのは、あれかもね。どういう使命の方なのか、一回……。

でも、けっこう意外な使命があると思いますよ（その後、二〇一九年一月十四日、ジョン・レノンの霊言《れいげん》を収録。『ジョン・レノンの霊言』参照）。

大川紫央　（ジョン・レノンさんは）「イエス・キリストを超《こ》えた」みたいなことを言われていたんでしたっけ？

マッカートニー　うん、まあ、それは……、まあ、私からそれを言うことはできませんけど。やっぱり、本人にただしたほうがいいし、たぶん、音楽についての？　音楽が目指していたもの？　音楽哲学《てつがく》みたいなものもきっと語ってくれると思いますよ。

大川紫央　（音楽哲学）もお持ちだったということですか。なるほど。

マッカートニー　でも、世界の人たちを救いたかった気持ちは持ってたみたいですよ、本当に。

『ジョン・レノンの霊言』
（幸福の科学出版刊）

大川紫央　では、本当に、音楽を通して伝えたいことがちゃんとおありになられたのですね?

マッカートニー　うん、「平和」とかね。「平和」とか「救済」とか、本当に言いたかったみたい。人々を慰《なぐさ》めたかったみたいですよ。

大川紫央　ああ。「平和」とか「救済」とか。

マッカートニー　うん、うん、うん。だから、違《ちが》ったかたちで、まあ、意外な……。現代ではね、「マンガの編集者」がかつての救世主みたいなこともあったりするっていう話ですから、「音楽」も意外にあるかもしれませんよ。一回訊いてみたら、その後、コミュニケーションはよくなりますよ。うん、まあ、折を見てね。無理しないでいいですよ。

大川紫央　はい。

惑星《わくせい》ミゲルのマッカートニーが応援《おうえん》したいこととは

マッカートニー　ちょっと、私、先週、〝プッシュかけちゃった〟んで、今週は、もうただただ謝《あやま》るしかないと思って来ているので。

大川紫央　ああ、それで来てくださったんですね。大丈夫です。

マッカートニー　あっ、はい、すみません。本当に私のせいです。

大川紫央　ちょっと、総裁先生は（筋肉痛で）痛かったけど……（笑）。

マッカートニー　いやあ、「八十歳《さい》、九十歳でも剣道をやれるぐらいじゃなきゃいけない」とか言ったもんだから、ちょっと本気にしちゃったかもしれないので。

大川紫央　でも、軽く素振《すぶ》りができるぐらいは（体を）維持《いじ》できたら、うれしいですね。

マッカートニー　まあ、その程度の筋力が復帰したら、うれしいですね。

大川紫央　うれしいですね。目指したいとは思います。

マッカートニー　うん。今は重いものとかね、用心してるんでしょ？　だけどね、まあ、でも、心で描《えが》き続けたら、次第《しだい》しだいにまた強くなると思いますよ。

まあ、ブルース・リーみたいな格闘技は無理ですけどね。それはできないけどね。やっぱり、長く戦える体はつくることはできると思うので、応援《おうえん》はしたいと思っています。

大川紫央　なるほど。肉体を持ってるわれわれも、その（努力を）……。

マッカートニー　もう、今日はねえ、〝打ち消し合い〟なんです。私の格闘技系を中心とする……、格闘技というかヒーローを目指す私たちと、あちらで、ヒーローを目指さないで昼寝《ひるね》をしようとする「ワークスルー星」とかいう怪《あや》しげな宇宙人も来て、草食系まで来ちゃったりして、これ、〝打ち消し合って〟ますね。

大川紫央　なるほど。いやあ、「ワークスルー星」というようなものもあるんですね。

マッカートニー　まあまあ、あまり、できるだけ……。たぶんコアラとかね、そういうところの母星じゃないですか、本当は。

大川紫央　あっ、そういうことですか。

マッカートニー　コアラ、コアラ……、うーん……、いや、いけない。言ってはいけない……。

大川紫央　「パンダ」が入りそうになった、今？

マッカートニー　いや、そうなんだよ。

大川紫央　（笑）

マッカートニー　〝言っちゃいけない動物〟の名前を思いついて、それは言ってはいけないというあれで。やはり言わないことにします。パンダは〝働いて〟いますから、やめときます。

大川紫央　（笑）なるほど。

マッカートニー　はい。

大川紫央　なるほど。ナマケモノとかね。

マッカートニー　え？　いやいやいやいや！　もう今それ以上は……。

大川紫央　もう言わないほうがいい？

マッカートニー　それ以上は言いません。

大川紫央　はい、分かりました。

マッカートニー　ごめんなさーい。はい。

大川紫央　ありがとうございました。

3　エンゲル星の「ゲッペルス」

エンゲル星のUFOがカメラに映りにくい理由とは

大川紫央　（UFOが）真上に……。

大川隆法　真上二、三百メートルぐらいじゃないかと思います。

大川紫央　なるほど。ちょっと待ってくださいね。

大川隆法　まだ（カメラに）入りませんか。

大川紫央　うーん……。

2018年11月20日、東京都上空に現れたUFOの画像。

大川隆法　（約五秒間の沈黙《ちんもく》）あれ？　こんなのあるのかな。ちょっとドイツで聞いたことがあるかなあ。ドイツで、もしかしたら聞いたことがあるような……。

あっ、上、ゆらゆらしているな。

大川紫央　ちょっと待って……。

大川隆法　（カメラに）捉《とら》えられる？

大川紫央　もうちょっと待ってくださいね。

大川隆法　入らない？

大川紫央　「何星」と言っていますか？

大川隆法　何か、（宇宙人は）「エンゲル星」って言うんだけど。

大川紫央　エンゲル星？

大川隆法　聞いたことがないですか？

大川紫央　ああ、あれですよ。

大川隆法　ドイツで。フランクフルトで？

大川紫央　そうですね。エネルギーを……。

大川隆法　そうか。「エンゲル星」と言ったような気がする。

大川紫央　今日はあれですか、エンゲル星に……。

大川隆法　「エンゲル星」って聞いたことがあるよね？

大川紫央　はい。ドイツのフランクフルトで来たものですね。

大川隆法　いたね。フランクフルトで出たね。窓から撮《と》ったね。

大川紫央　そうですね。

大川隆法　ギリギリの、あの……。

大川紫央　あの、エネルギー……、エコでしょ？　エコ。

大川隆法　エコ。うん、そう。「エコを推進してる」と言った、あれだね？

大川紫央　そうですね。

大川隆法　エンゲル星……。

大川紫央　エコしているから、ＵＦＯの電気が弱いんじゃないですか。

大川隆法　「ＵＦＯの電気が弱いんじゃないか」と言われていますが、いかがでしょうか。

大川紫央　（カメラに）入らないです。

大川隆法　映らない!?

大川紫央　はい。

大川隆法　強いのにね、光。明るいのにな。

大川紫央　でも、（普通《ふつう》でも）星の明るさで映らないぐらいなので……。

大川隆法　これは、やはり月の明かりで光っているだけなのか。

大川紫央　うーん……。

大川隆法　映らない？

大川紫央　映らないです。

大川隆法　肉眼でははっきりと見えるのにね。

大川紫央　そうですね。

大川隆法　〝星〟の力が弱いのかな。

大川紫央　何か、あれ、エコしすぎて、〝星〟……。

大川隆法　（こちらでは）「ちょっと節電しすぎじゃないですか」と言っています。

もうちょっと明るく光ってみませんか。

大川紫央　（約五秒間の沈黙）ああ、ああ、あったあった。

大川隆法　何かね、私は二重星《にじゅうせい》みたいに見えてね、上下《うえした》がダブルに見えるんですよ。

大川紫央　ちょっと待ってください。あっ、（カメラに）捉えました。

大川隆法　捉えた？

大川紫央　はい。

大川隆法　上下がダブルに見えるんですけどねえ。二つぐらいに、二重に、ときどき分かれて見えるんですけれども、光が。

大川紫央　光が。

大川隆法　うん。上下が分かれるんですけれどもね。二重星に見えるんですけれども。

タイの「仏教」や「国王信仰《しんこう》」、「タイ伝道」に対する見解

大川隆法　エンゲル星、エンゲル星の方……。何を訊《き》いたらいいかな。

大川紫央　エンゲル星の方は、フランクフルトでお会いした方ですか。

エンゲル星人　そうでーす。

大川紫央　今日は、どうしてまたいらっしゃったのですか。

エンゲル星人　うーん……。今日は……、うん、ちょっとだけ言いたいことがあって来ました。

大川紫央　はい。

大川隆法　何が言いたいんですか。日本まで来て、何が言いたいんですか。

エンゲル星人　（約五秒間の沈黙）タイが問題になってるんですよね？

大川紫央　そうですね。

エンゲル星人　〝微笑《ほほえ》みの国〟なのにね。タイねえ、タイは発展したいんだけど、困ったね。宗教、行き詰《づ》まったね。

大川紫央　そうですね。ちょっと、「言論の自由」とか「表現の自由」がけっこう薄《うす》く、あまり自由がないみたいですね。

エンゲル星人　まあ、あなたがたの勉強になってると思うんですよ。
　例えば、（タイは）中国のように無神論の唯物論《ゆいぶつろん》の共産主義国？　それと戦っているつもりでいて、小乗《しょうじょう》仏教で、結局、「無仏陀論《むぶっだろん》」みたいなのを説いてらっしゃるんでしょう？

大川紫央　そうですね。「仏陀はもう再誕《さいたん》しない」と。

エンゲル星人　結局ね。だから、国王が〝神の代わり〟になってて……。

大川紫央　そう。国王が〝神〟なんです。

エンゲル星人　（国王の）悪口を言ったら、もう刑務所《けいむしょ》に入れられて。もう神様でしょうね。〝生《い》き神様信仰《がみしんこう》〟でしょう？　これは、だから、二つの信仰が走ってますね？

実は堕落《だらく》した仏教と、国王信仰？　その代わりの〝生き神信仰〟？　だから、「生きる国王が仏陀の代わり」をしているから、（仏陀は）要《い》らない」っていうことなんですよね。

大川紫央　そうですね。

エンゲル星人　そういうふうに〝すり替《か》え〟てるんですね、教えを。で、私が来たのは何かといったら、やっぱり「省エネ」？　「省エネ」を考えなきゃいけないと思ってね。

大川紫央　省エネ？

エンゲル星人　うーん、だから、無理な伝道はしないでいいから、やっぱり、伝道すべきところ？　もうちょっと、何て言うか、うーん……。

大川紫央　効率化ですね？

エンゲル星人　そうです。だから、エネルギー効率を考えて、やっぱり、伝道をまだしやすいところから、もっと広げていったほうがいいんじゃないかなあというふうに思ってます、うん。

大川紫央　そうですね。今の感じだと、タイも、国際本部の方々も、信者のみなさまも、なかなかきついところはあるんだろうなという感じではありました。

エンゲル星人　うん、だからねえ、いや、不惜身命《ふしゃくしんみょう》はいいんだけどね、実際上ね、（総裁）先生がね、全然活動できなくなって、うれしいわけがないでしょ？

大川紫央　うん、そうなんですよ。全然うれしくないですね。

エンゲル星人　それじゃ仕事にならないからね。まあ、掛《か》け声はいいけれどもね。それは、弟子《でし》たちで地味にかいくぐってやれる範囲《はんい》内でやって、彼らに導きを教えることは大事だけど、やっぱり本も出せないようじゃあ、基本的には駄目《だめ》だと。そういう禁書とか、「言論の自由」、あるいは「出版の自由」、それから「信教の自由」、これがないところは、やっぱり行っても、もう無駄ですから。

やっぱり、もうちょっとほかのところを繁栄《はんえい》させて、それで、そちらのほうに向けて、革命を起こすように誘導《ゆうどう》するしかないんで。なかにいて、軍隊と戦うわけにはいかないです。だから、そういう意味での〝省エネ〟を今日は勧《すす》めに来たんで。

やっぱり、執着《しゅうちゃく》があると思うんですけどね。「助けてやりたいな」という気持ちもあると思うけど、それをよしと思っているのは国民なんだから。ね？

だから、国王が〝神の代わり〟をしてくれればいいと思っているんだろう？　その体制を続けていくことが〝幸福〟だと思ってるんでしょ？　これ、救えないですよ。だから、おかしいんじゃないかと思って。

民主主義になったら、結局、「永久革命」で、国王の首をどんどん変えていくようなものなんだから。結局ね、トップを替えるんで、それが許せないんでしょ？　だから、〝下剋上《げこくじょう》〟に見えるから、国王の国にはね。下剋上は許せないからね、だから、押《お》し潰《つぶ》すんでしょ？　軍隊で。軍隊と、仏教の戒律《かいりつ》で攻《せ》め込《こ》むんでしょ？　で、観光で食えたらいいと思ってるんでしょ？

だから、いずれ行き詰まるからね。まあ、中国との関係もあるけど、両方ひどいもんだけどね。両極端《りょうきょくたん》ですよね。

まあ、イスラム教国でも同じことを、たぶん味わうとは思いますけど。

エンゲル星人が推奨《すいしょう》する〝省エネ伝道〟とは

エンゲル星人　やっぱり、これ、申し訳ないんですけど、〝伝道におけるエコ〟も考えてもらいたいという気持ちですかね。無駄ですから。

大川紫央　なるほど。まあ、総裁先生の時間も無限にあるわけではないですからね。肉体を持たれていて。

エンゲル星人　だから、広がる可能性のあるところを中心的にやったほうがいいですよ。やっぱり「八割・二割の法則」は働きますよ。二割のところで八割の効果が出ますから。二割を選んで伝道の重点国っていうのを置かないと、単純に全部やったら駄目ですよ。

大川紫央　そうですね。

エンゲル星は、エコだけじゃなく、環境《かんきょう》だけじゃなくて、そういう……。

エンゲル星人　ええ、そうです。そっち（伝道）のほうは、まあ、そうねえ、省エネ、省エネ。

大川紫央　すべて、そういう省エネ、効率……。

エンゲル星人　私たち、〝省エネ伝道〟をしてるんですよ。

大川紫央　効率を図《はか》る、省エネ……。

エンゲル星人　そうそう。いろんなものをね、省エネして、やっぱりね、無駄なことは、資源の無駄だっていうことを……。

人的資源？　知識資源？　エネルギー資源？　まあ、いろんなものにおいて資源の無駄を省いていったほうが、やっぱり、近代化し未来化できるっていう考え方をしているんで、ええ。

無駄なことに投資したり、無駄なことにお金を使ったり、無駄なことに人のエネルギーを使わないことが大事であるという考え方なんですね。

だから、伝道においてもそれを考えるべきで、エコだけじゃないんで。省エネは、伝道においても必要です。

大川紫央　仕事の方法として使うんですね。

エンゲル星人　そうです。だから、二割ぐらいの効果的なところを重点的にやれば、八割はカバーできますから。

大川紫央　その（二割の）国を見て、（他の国に）学んでもらうところはありますよね。

エンゲル星人　そうそう。だから、軍隊と戦わなければいけないようなところを伝道しても、ちょっと無駄なんで。それは、もうちょっと、「ほかの国のようにならないと自分らが置いていかれる」っていうことを悟《さと》って、やっぱり内部を変えていこうとしないとね。

大川紫央　そうですね。

エンゲル星人　ええ。首相が亡命するような国は、やっぱり基本的に駄目ですよ。

私が言っているのは、これね、会員のみなさま？　幸福の科学の会員のみなさまに、国際伝道についてね、理解してもらうために、ちょっと〝付け足し〟を入れてるんですけどね。

大川紫央　ああ、ありがとうございます。

エンゲル星人　うん。やっぱり、それはね、タイに行ってねえ、「小乗仏教」とか「国王の制度」、あるいは民主主義を擁護《ようご》して、ね？　「王政」を揺《ゆ》るがすようなことを言ったら、もう禁錮《きんこ》刑で、すぐ禁錮二十八年になるとか六十年になるとか言われたら、ちょっと、そういう国は少し後《おく》れすぎていて伝道にならないので、やっぱり力をあまり入れすぎるべきではないですね。（タイの国民が）それで満足しているんならね。

大川紫央　そうですね。「自由」も「民主」も「信仰」も、どれも言えないんですよね。

エンゲル星人　だから、自分たちで、それでおかしいと思わなければ、外国からそんなに言ったたって、やっぱりもう無理なんですよ。

だから、『仏陀再誕』を書店から撤去《てっきょ》するような国であれば、それはもう後回しになりますね、基本的には。

大川紫央　そうですね。

エンゲル星人　ええ。うれしくないんでしょ？

大川紫央　そうです。

エンゲル星人　仏陀に会いたくないんでしょ？

大川紫央　はい。

エンゲル星人　で、あの世から指導してほしくもないんで

『仏陀再誕』（幸福の科学出版刊）

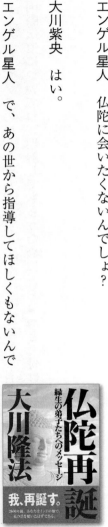

しょ？

大川紫央　はい。

エンゲル星人　それはもう仏教徒としては、残念だけれども、その思いにおいて間違《まちが》いがあるんじゃないですか。

〝千年前の思想〟で国が回っているタイの今後はどうなるか

大川紫央　しかも、たぶん、それを明確に主張して国づくりをしているのが国王様で……。

エンゲル星人　そうでしょ？（仏陀の）代わりで。だから、〝生き仏陀〟がいるからでしょ？　本当はね。

大川紫央　そうですね。

エンゲル星人　「生まれ」によって仏陀になるんでしょ？

大川紫央　そう。

エンゲル星人　それはないでしょ。

大川紫央　その国王様のところを批判すると、「即逮捕《そくたいほ》」になってしまうんですよね。ちょっと無理ですね。

エンゲル星人　そうでしょ？

国王のあれに生まれたら仏陀みたいになれると。仏陀と言わず、神なのかもしれないけれども。それだったら「即身成仏《そくしんじょうぶつ》」をさらに超《こ》えてるよね？

大川紫央　そうですね。もう「生まれ」によってすべて決まってしまうという……。

エンゲル星人　ええ。〝即身成仏〟だねえ。「南無妙法蓮華経《なむみょうほうれんげきょう》」「南無阿弥陀仏《なむあみだぶつ》」、その他、「ただ座《すわ》るだけでも仏になれる」っていうのがあるけど、それでも簡単な行《ぎょう》は何かやりますよね？　それじゃなくて、もう「国王の種で生まれたら神になれる」というんじゃあね、王権神授説みたいで、これは〝千年前の思想〟ですね。

まあ、タイがそれで回っているなら、もうしょうがないけど。今後、天変地異とかいろんなものでね、経済がうまくいかなかったり、政治がね、やっぱり、西洋社会とかとうまくいかなくなってきてね、あるいは、共産主義圏《けん》に吸収されようとしたりして、近代化は迫《せま》られると思いますよ、おそらくは。

だって、もっと経済的に発展しなければ、中国なんかに……。中国が金を貸したところは全部没収《ぼっしゅう》されて、国がねえ、どんどん衰退《すいたい》しているんですよ、今。だから、そういうふうになる可能性がありますね。

まあ、今日は、これを言いたかっただけで。

大川紫央　なるほど。いやあ……、そうですか。

エンゲル星人　私たち、ドイツであなたがたに、メルケルの省エネばっかり、「電力をケチしてるだろう」っていうことばっかりを、ちょっと掘《ほ》り起こしたみたいだから。

ちょっと足りなかったので、言葉がね。
まあ、あちらのほうも少し問題はありますけどね、EUもね。

大川紫央　（あなたは）ドイツだけにいらっしゃるわけではないんですよね？

エンゲル星人　うん、そうそう。あっ、いやいや、うん、まあ、基本的にあのへんを中心に回ってるんですけど……。

大川紫央　ああ。ヨーロッパ系を中心に……。

エンゲル星人　ヨーロッパが中心だけど、今、縁《えん》がついたんで、ときどきこうやって来るんですよ。ごめんなさい。

エンゲル星のUFOの形状や神様について

大川紫央　確かに、総裁先生がおっしゃっていたみたいに、何か二重構造に見えます。

大川隆法　そうなんですよ。

大川紫央　ＵＦＯはどうなっているのでしょう？

大川隆法　うん、二つに見えるんですよ、上下《うえした》が、ええ。二個でくっついているように。

大川紫央　画面上は、けっこう点滅《てんめつ》していますね。

大川隆法　二個に見えますね、肉眼で見たらね。

大川紫央　そうですね。

エンゲル星人　ええ。まあ、省エネだから、そんなにはできないんだけれどね。

大川紫央　ええと……。

エンゲル星人　円盤《えんばん》の形？

大川紫央　はい。

エンゲル星人　まあ、いちおうハンバーガーにちょっと近い形です、はい。

大川紫央　なるほど。今日は何人乗りですか。

エンゲル星人　今日は三人乗りです（笑）。

大川紫央　三人乗り？（笑）

エンゲル星人　ええ。〝省エネ〟なんで。

大川紫央　なるほど。

ちなみに、あなたたちが信仰している神様は、星にいらっしゃいますか。

エンゲル星人　うーん……、そうですねえ、私たちの神様は、うーん……。私たちの星、ちょっと省エネなんで、そんなに多くないんですよねえ。

大川紫央　あっ、そもそもの人数が。

エンゲル星人　うん、そうそう。そんなにいないんで。まあ、本当に大神様《おおがみさま》はいないかもしれないですね。だから、出張所ぐらいかなあ。

大川紫央　面白《おもしろ》いですねえ、宇宙は。

エンゲル星人　だから、まあ、ちょっと、地球レベルで考えると、そこまで偉《えら》くない人が神様の役をしているかもしれませんね。

まあ、地球レベルで言うと、どのくらいかなあ。あのー……、まあ、如来《にょらい》に入りかねるぐらいの人ぐらいかなあ。如来界、八次元に入りかねるぐらい……、入るかどうかぐらいの感じ？　まあ、「梵天界《ぼんてんかい》」って、あなたがたは言っているのかもしらんけど。まあ、菩薩《ぼさつ》かもね。

大川紫央　でも、地球でも、八次元だとけっこう「偉い」と言われてはいますね、今。

エンゲル星人　神様になれる？

大川紫央　でも、ちょっと、今、さらに次元が上昇《じょうしょう》、拡大しているから、今後はどうなるかは分からないですけど。

エンゲル星人　うん。まあ、九次元レベルまで達してはいないような気がします。うん、そこまで大きくないんで。

大川紫央　なるほど、なるほど。
　ちなみに、男女は両方いらっしゃいますか。

エンゲル星人　まあ、いることはいますよ。

エンゲル星の「エコの宣伝相《しょう》」の名前とは

大川紫央　あなたのお名前は？

エンゲル星人　ああ、私？

大川紫央　はい。

エンゲル星人　ええ。言ったらちょっと問題があるかもしれないけど。名前が、ちょっとね、響《ひび》きが悪いんですよ。

大川紫央　はあ。

エンゲル星人　聞きたい？

大川紫央　えっ？　なんかそう言われると……。うん、まあ、いちおう聞いたら……。

エンゲル星人　エンゲル星人で、そして、名前が、もし「ゲッペルス」とか聞いたら、嫌《いや》でしょ？

大川紫央　ゲ……（苦笑）。ドイツにいらっしゃいましたね、しかも。

ゲッペルス　いやあ、まあ、名前はねえ、よくある名前なんですけどねえ。

大川紫央　ああ、では、（ナチスのゲッベルスとは）関係がないと捉えてよいでしょうか。

ゲッペルス　うーん、ええ、まあ、いちおう「ゲッペルス」という名前なんですが、いわゆる「ドイツの宣伝相《しょう》」ではなくて、あのねえ、「エコの宣伝相」なんですよ（笑）。

大川紫央　なるほど、なるほど。名前を地球（の言葉）に変換《へんかん》すると、たまたま同じだったということですね。

ゲッペルス　ええ。「エコの宣伝相」ということで、宣伝して回ってるんで。

大川紫央　なるほど、なるほど。分かりました。大丈夫《だいじょうぶ》ですよ。

ゲッペルス　あの、省エネ？　〝ショートカット〟しようっていうことを言って回ってるんで。ナチスじゃないんですけどねえ。だから、名前がたまたまちょっと悪くて……。

大川紫央　はい、はい。名前が重複してしまったというわけですね。

ゲッペルス　ごめんなさいね。訳すとそうなっちゃうんだよ。ドイツで訳すとそうなっちゃうんですよねえ。

大川紫央　なるほど、なるほど。分かりました。フランクフルトでお話ししたのも、あなた様でよろしいですか。

ゲッペルス　そうですねえ。

大川隆法　本当に、ときどき、下から見ても二重星に見えます。〝星〟が分かれて二つに見える。

大川紫央　総裁先生は、かなり目はいいですけどね。分かりました。ありがとうございます。

ゲッペルス　はい。まあ、こんなところでいいかな。〝省エネ〟しなくちゃ。

大川紫央　はい。ありがとうございました。

大川隆法　（手を三回叩《たた》く）はい。

第5章

「かぐや姫《ひめ》伝説」「織《おり》姫《ひめ》・彦《ひこ》星《ぼし》伝説」のルーツを明かす

―こと座織姫星《ぼし》エターナル・ビューティー

2018年11月27日 収録　幸福の科学 特別説法堂《せっぽうどう》にて

「かぐや姫《ひめ》伝説」とのつながりについて語る

大川隆法　では、今、オレンジ色に光っているものよ。オレンジ色に光っているものよ。お話ができますでしょうか。オレンジ色に光っているものよ。

質問者Ａ　（カメラを）ちょっと動かしています。はい、撮《と》れました。

大川隆法　幸福の科学の支部の上のほうぐらいだよね。

質問者Ａ　支部の上ぐらいですか。

大川隆法　上ぐらいに出ていますね、これは。

何かお話がありましょうか。

やっぱり、「額田女王《ぬかたのおおきみ》」という声が聞こえてくるんですよね。

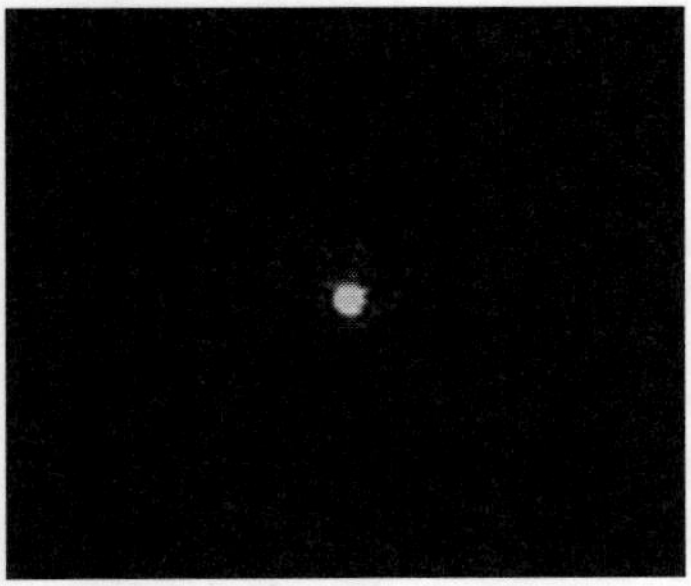

2018年11月27日、東京都上空に現れたUFOの画像。

質問者Ａ　額田女王様が乗っていらっしゃる？

大川隆法　宇宙にいるはずがないと思うんです。どういう意味なんでしょうか。「額田女王」とは、どういう意味でしょうか。

（「額田女王」と言ってくる存在は）「私も、宇宙にも関係はあるんです」という言い方をしています。あってもおかしくはないですけど。

質問者Ａ　「（額田女王の過去世《かこぜ》と推定されている）弟橘媛《おとたちばなひめ》様のルーツ」ということですか。

額田女王　そうですね。

質問者Ａ　ＵＦＯに乗っているあなた様は、女性でよろしいですか。

額田女王　はい。だから、「かぐや姫《ひめ》伝説」につながる者なんです。

質問者A　あっ、そうなんですか。

額田女王　はい。

質問者A　「『かぐや姫伝説』につながる」ということは、あの物語のモデルになられたということですか。

額田女王　ええ。あれは繰《く》り返し繰り返し、何度も起きたことなんです。「天から降りてきて、地上で育って、また天に帰っていく」っていうのは、繰り返しあったことなんです。

何人乗りで、どのような形のＵＦＯか

質問者A　今、ちなみに、ＵＦＯは何人乗りですか。

額田女王　五十人乗りです。

質問者A　けっこう大きいですね。

大川隆法　（UFOが）横揺《よこゆ》れしていますね。

質問者A　はい。

大川隆法　横にも縦にも揺れている。フラフラ動いている。横と縦と両方に動いていますね。

質問者A　五十人乗り？

額田女王　はい、大きいですよ。

大川隆法　かなり揺れていますね。

質問者A　はい。

男女両方いらっしゃる？

額田女王　はい。

質問者Ａ　ＵＦＯの形は？

大川隆法　ＵＦＯの形は、どんな形でしょうか。

（約五秒間の沈黙《ちんもく》）難しい言い方をしているね。「二重螺旋形《らせんけい》」みたいに言うんだけど、二重螺旋って、どういうことなの？

質問者Ａ　二重螺旋……。

大川隆法　どういうこと？　二重螺旋って分からない。

質問者Ａ　（手で形を描《えが》きながら）こういうことですよね。

大川隆法　螺旋形というのは、グルグルグルグルッと巻いているものかな。二重螺旋って、どういうこと？

質問者A　螺旋ということは、螺旋階段のような感じで……。

大川隆法　「二重螺旋形」と言っているんだけど、そういう形ってありえるかな？どういうこと？

質問者A　「ハンバーガー型」でもなく、細長い線が螺旋状に合わさっている感じでしょうか？

大川隆法　もしかしたら、蚊取《かと》り線香《せんこう》を縦にしたような……。頂点を上に上げた蚊取り線香？

質問者A　蚊取り線香を立体的にした感じということですか。

大川隆法　そのようなものが二つくっついているということですか。どういうことでしょうか。

額田女王　（約五秒間の沈黙）そう。普通《ふつう》だったら、お椀型《わん》で、お椀（の開《ひら》いたほう）を二つ合わせたようになっているのが普通なんですけど、そうではなくて、お椀の下側をくっつけて、開いたほうが外側を向いている形で、螺旋みたいなのが巻いているような感じに見える、そんなデザインなんです。

質問者A　へえー。珍《めずら》しいですね。

大川隆法　ちょっと理解しがたいけど、何だろう。そうだな、お椀の底をくっつけて、上と下、両方に開いている感じか。まあ、ありえる。「ろくろ型」か。

質問者A　あれですか。衛星とかを……。

大川隆法　人工衛星とかにはあるなあ。

質問者A　（「X-MEN《エックスメン》」の）ウルヴァリン（の映画）とかにもよく出てきたんですけど、衛星を……。あれですね、〝貝の蓋《ふた》〟を逆にした感じじゃないですか。

大川隆法　〝貝の蓋〟を逆に……。

質問者A　貝って、（手で閉《と》じている貝の形を描きながら）こうなっているじゃないですか。

大川隆法　はい、はい。

質問者A　それを、（貝の蓋の背中同士を合わせた形を描きながら）こうした感じ、逆に。

大川隆法　うん。まあ、いちおう、そうだけれども。

ただ、もうちょっと視《み》えてくるものは、確かに、人工衛星なんかに見えるような形にちょっと近くて。〝オリンピックの聖火を灯《とも》すようなもの〟が二つくっついている。下側と上側と両方にくっついている。これは、おそらく、自由に回転できるんじゃないですか。

質問者A　分かった。太鼓《たいこ》があるじゃないですか、手持ち太鼓。

大川隆法　ああ、そんな感じ。

質問者A　そんな感じですか。

大川隆法　だから、これは、今、上下になっているけど、たぶん横にでもどうにでもなるんじゃないですか。たぶん動けるんじゃないかな。

質問者A　あっ、けっこう（カメラの）画面上も上に上がっていますね。

「織姫《おりひめ》・彦星《ひこぼし》伝説」のもとになった話とは

質問者A　ちなみに、額田女王様と縁《えん》が深い出身星《せい》といいますか、今は何星人として来られているんですか。

額田女王　宇宙にはね、いわゆる「織姫《おりひめ》・彦星《ひこぼし》伝説」の、「織姫伝説」のもとになったものがあることはあるんです。

質問者A　ベガ星？

額田女王　その近所に、織姫のルーツがあるんです。

質問者A　（約二十秒間の沈黙）織姫のルーツ？

額田女王　ベガ星の話だけ聞けば、必ずしも織姫は出てこないでしょ？

質問者A　そうですね。

額田女王　ルーツはあることはあるんです。織姫ルーツがあるんです。

質問者A　では、「こと座α星《アルファ》」といわれている……。

額田女王　まあ、それはベガでしょうね。こと座のα星はベガでしょうけれども。

質問者A　「でも、そこではない」ということですね。

額田女王　うん、まあ、こと座にもいろいろありますからね。こと座のなかで、もっと細《こま》かく言うと、うーん、まあ、地球の言葉で言えば、うーん、「織姫星《ぼし》」としか言いようがない感じですかねえ。

織姫は、ある意味では、天照様《あまてらす》とも関係がないわけでもないんですけれども。伝説の織姫は、天照様の機織《はたお》りだけのことではないので。（織姫と彦星が）年に一回、会う約束がありましょう？「年に一回、会えるかどうか」っていう話があるでしょう？　七夕《たなばた》にね。「年に一回、会えるかどうか」っていうのがある。これ、「年に一回、本当に宇宙から会いに来る」っていう話があるんですよ。昔、本当に。

質問者Ａ　あっ、「地球に来る」ということですか？

額田女王　そうそう、そうそう。「織姫の星から会いに来る」っていう話なんですよ。あったんですよ、本当に。宇宙人がね、宇宙人だけど、織姫の姿を取って地上に降り立ってくるの。まあ、地上に住んでいたことはあるんだけど、天に帰っていって、あと、「年に一度だけ、七夕の日に降りてきます。会いに来ます」っていう話はあるんですよ。

まあ、こと座のα星とかは恒星《こうせい》でしょうから、それじゃあないんですけれども。まあ、私らは「織女《しょくじょ》」というか、「織姫星」としか言葉としては言いようがないんですが。まあ、星は幾《いく》つか……。

質問者Ａ　では、いちおう、「ベガの三番星とか四番星とは違《ちが》う」ということですか？

額田女王　三番星、四番星とは違うものがあるんです。

質問者A　『竹取物語《たけとり》』のような……。

額田女王　ええ。私たちの星から、そういうふうなかたちで地球に行って、天に昇《のぼ》った人はいっぱいいるんですよ。

質問者A　天女《てんにょ》の羽衣《はごろも》伝説も非常に近いですね。

額田女王　ああ、そうなんです。それに近い。そうなんです。天《あま》の羽衣でね、一緒《いっしょ》に遊びに行っていてね、地球に置いていかれた人ね、いますね。円盤《えんばん》が去っちゃったんで（笑）、帰れなくなったんだね。

質問者A　お仲間ですか？

額田女王　まあ、そうですね。うーん、一緒の星にいたこともありますね。

質問者A　ああ、一緒の星にいたこともあるんですね。

額田女王　うん、うん。

「永遠の愛」を与《あた》えていくという仕事について

質問者A　あなた様は、宇宙では何と呼ばれているんですか。

額田女王　宇宙で私の名前は、うーん。

まあ、私ぐらいの方は、数多くはいるとは思うんですけれども。

質問者A　いや、そんなにいるかな。

額田女王　えっとねえ、まあ、とにかく、七夕を祝しているような女性なんですよ。

質問者A　「七夕を祝福している」ということ？

額田女王　うん、うん、女性なんです、七夕をね。だから、今回は、エル・カンターレが七月七日にお生まれになったでしょ？　だから、織姫星と、まあ、深い縁があるんですよ。

質問者A　あっ、エル・カンターレと？

額田女王　だから、エル・カンターレに会いに来るんですよ。七月七日にね、会いに来る。

質問者A　あなたが？

額田女王　はい。会いに来るんですよ。

質問者A　へえー、ロマンチック。

額田女王　七月七日にはね、天上界《てんじょうかい》からね、梯子《はしご》がかかるんですよ。降りてこられるんですよ、うん。

いずれね、七月七日っていうのは大きな日になると思いますよ。その日には宇宙の人と会えるようになります。

大川隆法　動いてますか。

質問者Ａ　はい。ちょっと今もう一回（カメラを）動かして……、はい、（画面に）入れました。

大川隆法　はい。

額田女王　織姫星なんです。だから、ベガの三番星、四番星とは違うんだけど、まあ、近くにある星ではあるんですね。

質問者Ａ　では、「ずばりのベガ星人」というわけではない？

額田女王　まあ、大きくはそれに入れてもいいんだけれども、あなたがたに姿を見せるときは、いわゆる天女の姿で出ます。

質問者Ａ　あっ、そういえば、お名前は？

額田女王　あっ、私《わたくし》の名前ですか。

質問者Ａ　はい。宇宙名。

額田女王　宇宙名か。うーん、宇宙名はねえ、困ったなあ。ちょっと困ったなあ。「織姫」で許してくれないなら、困ったなあ。

質問者Ａ　「織姫」っていうと、けっこう漠然《ばくぜん》としている。

額田女王　うーん……、まあ、意味的には、「永遠の恋人《こいびと》」っていう意味なんですけど。

質問者Ａ　かっこよすぎる。

額田女王　うーん。地球で「永遠の恋人」を訳すと、何になりますかねえ。

質問者Ａ　ええー……。

額田女王　「エターナル・ビューティー」。

質問者Ａ　なるほど。

エターナル・ビューティー　「エターナル・ビューティー」。

質問者Ａ　まあ、でも、今世《こんぜ》も（額田女王さんは当会の）映画でも描かれましたしね。

エターナル・ビューティー　うーん、でもねえ、ロマンチックな、そういう気持ちを降ろすのが仕事なんですよ。

質問者A　ああ。では、そういうお仕事というか、魂《たましい》の使命としてもあるのですか？

エターナル・ビューティー　うん、「永遠の愛」とかね。人の心にね、永遠の愛っていうのを与《あた》えていくのがね、仕事なんですよ。だから、男女の結びつき？　動物的な結びつきでない、もう一段高い「永遠の愛」のようなものを、人の心に灯《とも》していく仕事をしているんですよ。

質問者A　総裁先生も映画とかをいろいろご覧になりますが、男女の恋愛《れんあい》物語であったとしても、何か「永遠」を感じさせるようなものがある作品を好まれますね、確かに。

エターナル・ビューティー　そうだし、私たちは「永遠の人」でありたいんです、ええ。「永遠の人」でありたいんです。

私たちの世界の特徴《とくちょう》の一つはね、年を取らないんです。若いままでいられるんです、ずっと。ずっと若いままでいられるんです。だから、(地球に)何回来ても、いつも若いんです(笑)。

どのような姿をしているのか

質問者A　ちなみに、お姿はきっと美しいと思うんですけれども、例えば、髪《かみ》の色とかは何色ですか。変えられたりしますか?

エターナル・ビューティー　いや、もう本当に、昔の奈良《なら》・平安時代の美女に天女の衣を合わせたような感じの、あんな感じですよ。

質問者A　例えば、天女の衣の色で、お好きな色とかはありますか。

エターナル・ビューティー　うーん、何重にも着てはいますけど、私が今着ているのは、下に着ている基調の色は、紫《むらさき》に近い色が下にあります。

質問者A　紫なんですね。

エターナル・ビューティー　で、それに、外に打掛《うちかけ》を着ていますね。頭はねえ、いわゆる竜宮界《りゅうぐうかい》の乙姫《おとひめ》様みたいに、頭の髪が蝶々《ちょうちょう》結びみたいな感じになっているように見えますね。

質問者A　では、ずばり東洋系の感じのお姿なんですね、今は。

エターナル・ビューティー　そうです。東洋ですね。でも、エターナル・ビューティーで、永遠の美女なんです。

質問者A　ああ。いちおう西洋にも関係はあると考えていいのですか。

エターナル・ビューティー　まあ、それはまた、あちらで必要なときには、あちらにも美女もいると思うんですが、ちょっと西洋系というか、北欧《ほくおう》系は別のところから来ている人たちもいるので。私たちは、「織姫・彦星伝説」や、あるいは「七夕伝説」や「竹取物語伝説」「羽衣伝説」等のもとになった者たちがいるところではあるので。私たち、ときどき、そういう、短期間降りてきては、「永遠」というものを教えて帰る仕事をしているんですよね。

でもね、七月七日が大事なんですよ。もうちょっと全国の人たちが七月七日に祈《いの》りを捧《ささ》げてくれると、うれしいですね。

質問者Ａ　やっぱり、そちらの星でも、「７」というのは、いい数字なんですか。

エターナル・ビューティー　そうです。あなたがたは、最近、「７７」が付いた番号をよく見たでしょ？

質問者Ａ　はいはい。車とかで、何回か連続して「７７７７」を見ましたね。

エターナル・ビューティー　何回か連続して見ましたね（笑）。

質問者A　あっ、それ、インスピレーション？

エターナル・ビューティー　まあ、たまたま、そういうこともありましょうね。

質問者A　あっ、たまたま。いやあ、珍しいですね。

「若返りの秘法」について語る

質問者A　今日来られた理由は、何かありますか。

エターナル・ビューティー　うん。まあ、ないわけではありません。

質問者A　（カメラを）また動かしますね。（ＵＦＯが）グイグイ上がっていっています。

大川隆法　上がっていますか。

質問者Ａ　はい。動かします。はい、止めました。

エターナル・ビューティー　うーん。先生が、年を取っても若返っていくようにも見えるでしょう？

質問者Ａ　はい。

エターナル・ビューティー　ねえ？　それは、私たちも少しは協力しているんです。

質問者Ａ　ああ、ありがとうございます。

エターナル・ビューティー　「若返りの魔法《まほう》」をかけているんですよ。

質問者Ａ　ありがとうございます。

エターナル・ビューティー　私たちは「永遠の美」だからね。「永遠の美」なので。

質問者A　なるほど。やっぱり、男性にも、さらに内面から出てきたりとかするオーラって、たぶん、出せる方はいらっしゃると思うんですよね。

エターナル・ビューティー　ありますね。

質問者A　何かそういうのも関係しているというか……。

エターナル・ビューティー　そう。まあ、一種の魔法なんですけどね。私たちの星にはね、本当に「若返りの泉」とかね、「若返りのリンゴの木」とかね、いっぱいあるんですよ（笑）。

質問者A　「日本昔ばなし」には、「養老《ようろう》の滝《たき》」とか、「飲んだら若返る、甘《あま》いお水が山のなかにあった」とか、ときどきあるんですけれども、本当にある世界でもあるんですか。

エターナル・ビューティー　私たちの星にはあります。

だから、昔、たぶん、ＵＦＯに乗って帰った方が、そういう経験をしたっていうことかな。実際は、時間がかかって移動した場合には、年を取ったりすることもあるわけだけど、そうならないように〝若返りをかける〟んですよね。

逆のやつで、「玉手箱《たまてばこ》を開けたら年を取った」という逆のがあって、「三百年たった」というのもありましたよね。あんなのも宇宙航行と関係が実はあるんですけどね。

私たちは、若返りをかける、そういう世界で、いろいろと「若返りの秘法」を持っています。

質問者Ａ　うわあ、美しい世界なんでしょうねえ。

エターナル・ビューティー　だから、地上に対しては、ファッションから、そうした化粧品《けしょうひん》から、香水から、その他、若返りのためのいろんな秘法を降ろしてはいます。まあ、芸能界にも関係はあります。

地球人と地球人以外では見え方が違《ちが》ってくる？

質問者Ａ　地球では、例えば「九尾《きゅうび》の狐《きつね》」とか、「美しい人」と「狐」の関係とかが……。

エターナル・ビューティー　プレアデス系ですね。

質問者Ａ　あっ、そちらはプレアデス系？　あなたたちはまた違《ちが》うっていうこと？

エターナル・ビューティー　うん、プレアデス系じゃないんで。

質問者Ａ　ああ、そうなんですね。違うんですね。

エターナル・ビューティー　私たちはプレアデス系じゃないんで。

だから、天女の羽衣を着けた東洋系美人の本当の姿が何かを、あなたがたが知るのは難しいであろうと思いますが、私たちの心の姿はそういうふうに映る、見えるということですよね。

質問者Ａ　「私たちの心の姿は」？

エターナル・ビューティー　そういうふうに見える。

質問者Ａ　「プレアデスの人なら、そういうふうに見えることがある」ということ？

エターナル・ビューティー　いえ、違う、違う、違います。私たちはプレアデスじゃないので。「地球人が見れば、そういうふうに見える」ということですね。

質問者Ａ　「地球人がプレアデスの人を見れば」ということ？

エターナル・ビューティー　違います。プレアデスは関係ないので。「私たちを（地球人が）見れば、そういうふうに見える」ということを言っているので。

質問者A　「そういうふうに見える」というのは、どういうふうに見えるんですか。

エターナル・ビューティー　だから、先ほど言ったように、「天女の羽衣を着けた東洋系の美人に見える」と。

質問者A　ああ、そう見えるということですね？

エターナル・ビューティー　はい、そうです。

質問者A　地球人以外には、どう見えるんですか。

エターナル・ビューティー　まあ、それは、見る人にもよりましょうけどね。だから、「本当は何であるか」ということは、分かりにくいことはあろうと思いますね。まあ、「プレアデスが九尾の狐の発信源だ」というなら、「狐でないものは何だろうかね？」ということは、あることはあるかもしれませんが（笑）。

質問者A　へえー。では、「星によって、やっぱり美しさにも違いはある」ということですね？

エターナル・ビューティー　ええ、まあ、（例えば、宇宙には）リスもいることはいるんでしょうね。でも、人間としては現れることができますわね。

質問者A　うん、うん。「人間としての姿の場合もあれば」ということですよね。

エターナル・ビューティー　うん、そうです。本当の姿は何かは分かりにくい。というか、やっぱり「変化身《へんげしん》」を持っているんです、私たちもね。変化身を持っていて、地球人にいちばんなじみのある姿で出てくるので。

だから、ほかの星から北欧系美人で出る人もいますけれどもね、私たちは東洋系では出て。

日本の「婦人の道徳」のもとになっているものとは

エターナル・ビューティー　でも、私は、日本の「和の心」をつくった者の一人ではあるので。

質問者A　では、天照様とも、やっぱり縁は深い？

エターナル・ビューティー　ああ、天照様は、もう少しオールマイティーな方ではありますけど。まあ、そういうかたちのオールマイティーさではないけれども、何かの純粋《じゅんすい》さをすごく強調したかたちで仕事をすることは多いですね。

だから、「夫婦《ふうふ》の愛」というのも、すごく純粋さを……。とかね？　あるいは、「自己犠牲《ぎせい》」というもので、すごく純粋さを表したり、あるいは、「心の透明《とうめい》性」というのをすごく純粋化したりしますね。

質問者A　確かに、弟橘媛様といえば、自己犠牲もありますね。

エターナル・ビューティー　そうです。自己犠牲ですよ。だから、これは日本の女性のね、「婦人の道徳」のもとになっているものではあるんですけどね。

質問者Ａ　やっぱり、ほかの星では「理解できない」という場合もあるらしいですね。

エターナル・ビューティー　あるんです。はい、そうです。

それと、「年に一度、会える」というのはね、日本の女性たちの耐《た》え忍《しの》び、夫が帰るのをじっと待ち続ける、あの心も表しているんですよ。

だから、戦時中でも、じっと待っている。防人《さきもり》に行っても、じっと家で待っている。そういう、何て言うか、「婦人の道徳」みたいなもののもとにもなってるんですよね。

だから、私は、宇宙の魂の一部としては、エル・カンターレの地上での使命が美しいものになるように、そういうふうな気持ちで、いつも見守っています。

質問者Ａ　ああ、ありがとうございます。

エターナル・ビューティー　「永遠の青年」の気持ちを持ち続けるように、そういうふうな若返りの泉の力を送り続けています。

質問者Ａ　なるほど。重要ですね。

エターナル・ビューティー　まあ、（映画）「さらば青春、されど青春。」が、あまりきれいなかたちで仕上がらなかったことを、いろいろあって、ならなかったことを、ずっと残念に思っていますけれども、何らかのかたちで、永遠なるものに復活させたいなと思っています。若き日のエル・カンターレを、やっぱり「永遠なるもの」として遺《のこ》さなければいけないので。

質問者A　そうですね。まあ、残念ではありますが。

エターナル・ビューティー　いえ、この世的なことですので。いずれ、また時間が解決するものもあると思います。

質問者A　うーん、撮り直しとか。

エターナル・ビューティー　いやあ、そういうかたちではないかたちで……。

まあ、祈ってください。「どうか、美しいものが現れますように」と。「美しいものが地上で現れて、エターナル・ビューティーが幸福の科学に臨《のぞ》みますように」と祈ってください。

質問者Ａ　分かりました。（その後、二〇二〇年に映画「夜明けを信じて。」〔製作総指揮・原作 大川隆法〕を公開）

日本の「大奥《おおおく》」をどう見ているのか

質問者Ａ　男性もいらっしゃる星なんですよね？

エターナル・ビューティー　うーん、でもねえ、基本的に女性たちで今いるので。

質問者Ａ　（ＵＦＯに乗っている）五十人のうちに男性もいらっしゃる？

エターナル・ビューティー　うん、まあ、一部、そういう機能を持った人もいることはいますが、基本的に女性中心ですね。

質問者Ａ　「アマゾネス」とは全然違うと思うんですけど、若干《じゃっかん》、あんな「女性の王国」という感じなんですか。

エターナル・ビューティー　うーん。まあ、女性たちがちょっと自由な姿を見せますからね。ちょっと、そのへん、プライバシーが要《い》るので。

質問者Ａ　あと、日本の「大奥《おおおく》」については、どう思われるのでしょうか。

エターナル・ビューティー　うーん、まあ……、うーん。

質問者Ａ　あれも日本的なものの一つなのでしょうか。

エターナル・ビューティー　いやあ、それは、どこの世界にも時代にも、あったことはあったんじゃないでしょうか。王宮があるところには、どこにもあるので。決して日本的なものとは必ずしも思いませんけれどもね。

まあ、混ざっているんじゃないですかね。「天上界的なもの」と「そうでないもの」

とが、たぶん混ざっていると思いますね。

質問者Ａ　分かりました。

男女における「永遠の愛」について

質問者Ａ　（ほかに）何かありますか。

エターナル・ビューティー　うーん、私の気持ちはね、「大川隆法先生に、できるだけ若く美しく長く輝《かがや》いていただきたい」という気持ちでいっぱいなんです。

質問者Ａ　それには激しく同感しますけれども、なかなか、敵対する勢力もあって……。

エターナル・ビューティー　いやいや、そう認めないほうがいいと思います。そういう厳しい世界のなかにあって、穢《けが》れなき者として輝き続けてほしいなと思っています。

質問者A　そういう環境《かんきょう》を維持《いじ》するための方法は何かありますか。

エターナル・ビューティー　うーん。もうちょっと「祈り」を使ってくだされればいいなあと思っています。この世的な波動《はどう》で心乱れたりすることもあるし、人が醜《みにく》く見えることもあると思うんですけど、祈ってください。

私たちは、いつも、そういう気持ちでいっぱいですので、ええ。そういう使命を持っている者もいるので。永遠の美女が「若返りの秘法」をかけているんです。

質問者A　例えば、外見の美しさも重要じゃないですか。そこについては、そちらの星では、どんなふうに思われているんですか。例えば、外見だけにこだわる恋愛もあると思いますし、そことの折り合いについては？

エターナル・ビューティー　いちおう、「内面の美が外見に現れるように」ということを、基本としては考えているものです。

質問者A　では、そちらの星では、それが、地上に出ているときにも体現されると？

エターナル・ビューティー　はい。だから、「内面が美しい者は、必ず外にも現れるし、そういう世界に肉体を持つことも多い」というふうに考えていますけどね。

まあ、今の時代にはもう数少なくなりましたがね。例えば、そういう〝身分のある世界〟は数少なくなりましたですけれども、今の時代で輝く方法を、みんな模索《もさく》はしているとは思いますけどね。

質問者Ａ　では、「あなたのようなお考えを持っている方々が集まっている星」ということですね。

エターナル・ビューティー　うん、そうですね。まあ、でも、「純粋な永遠の愛、そして美、こんなものを常に考えている人たちがいる」ということを知っていただければ、ありがたいなあと思いますね。

質問者Ａ　最後には「運命の赤い糸」理論になるんですか。それとは違うということ？

エターナル・ビューティー　うーん、まあ、それは段階がたくさんあるので。地球で結び合うものもあれば、私たちの星から来て、何かそういう一期一会《いちごいちえ》的な恋愛をする場合もあるので、ちょっと話はいろいろあるかと思いますけどね。

だから、地球だけで完結していないんですよね。いろんな星との関係のなかで、魂が交錯《こうさく》して恋愛をつくることもありますしね。

質問者A　「永遠の愛」と言われたときに、「神仏を愛する」という意味では永遠が分かるんですけど、普通の男女の愛で「永遠」と言われると、地球だと、「もう、ずっと一人の人に決まっている」みたいな発想にもなりやすくはなってしまうんですよね。

エターナル・ビューティー　「肉体は滅《ほろ》びても、その生きたものが、行為《こうい》が、普遍《ふへん》的なるものとして遺《のこ》る」という感じなんですかねえ。別に、ゾンビのようになっても生き続けるみたいな、ドラキュラみたいになって生き続けるとか、そんなものとは違います。

質問者A　男女の恋愛になると、けっこう、ドロドロしたところじゃないけど、自分以外にも、同じ人を好きになる人がいたりとか、そういうなかで「永遠の愛」を思うというのは、どういう……。

エターナル・ビューティー　和歌のなかにだけ本心が遺ってはいますわね。私たちは、肉体的に滅びても「心の永遠性」というのを信じている者なのでね。和歌のなかに詠《よ》んでありますから。だから、千何百年たっても遺っていますね。

質問者A　遺っているんですね。なるほど。

エターナル・ビューティー　まあ、ベガの中心星ではないけれども、周辺星のなかに、こういう織姫の星があって、織姫や彦星伝説、かぐや姫伝説、その他のもとになるようなことは、過去、何度も本当は起きているんだということを知っていただければ、ありがたいなと思いました。

質問者A　分かりました。

では最後に、お祈りをする場合、何てお呼びすればいいんですかね。

エターナル・ビューティー　うーん。まあ、ちょっと大きな言い方になるんですけど、「天《あま》の川《かわ》の女神《めがみ》」とお呼びいただければ届きます。

質問者A　なるほど。分かりました。ありがとうございました。

大川隆法　はい。

第6章

東京上空での〝宇宙攻防《こうぼう》戦〟とヤイドロンの〝魔《ま》法《ほう》論《ろん》〟

―

マゼラン星雲β《ベータ》星バズーカ／

エルダー星ヤイドロン

2018年12月3日 収録　幸福の科学 特別説法堂《せっぽうどう》にて

バズーカ

マゼラン星雲ゼータ星（β《ベータ》星ともいう）のレプタリアン型宇宙人。戦争を好み、地球において、国や民族間等で争いがあると介入《かいにゅう》し、破壊《はかい》を繰《く》り返す。エル・カンターレの外護《げご》的役割を担《にな》う、マゼラン星雲エルダー星の宇宙人・ヤイドロンとは対立関係にある。ゴジラを小さくしたような姿をしている。

1 「強い者が正義」とシンプルに考える「バズーカ」

再び現れた「ザ・レプタリアン」

大川隆法　うん？　（カメラに）映りますか？

質問者A　映りますね。

大川隆法　映りますか？

質問者A　ちょっとお待ちください。ちょっと……。

大川隆法　（UFOの高度は）そんなに高くないですね。ずっと上ではないです。

2018年12月3日、東京都上空に現れたUFOの画像。

質問者A　今、（カメラを）動かしています。拡大して止めます。

大川隆法　これは、たぶん、そんなに長く撮《と》れないと思います。すぐに切れると思います。

質問者A　ちょっと動かしますよ。

大川隆法　はい。早めに勝負をつけないと、いなくなる可能性があります。撮れますか。

質問者A　はい、どうぞ。（カメラを）止めました。

大川隆法　Who are you?《フー　アー　ユー》 Who are you?

質問者A　あっ、これは本当に変な……。フラフラ動いています。

大川隆法　うん。これは動いています。

Who are you?

（約五秒間の沈黙《ちんもく》）

（宇宙人は）「人間よ、己《おのれ》の未熟さを知れ」などと言っていますよ。これは説教されていますね。困ったな。

質問者Ａ　フラフラ動いています。

大川隆法　困ったな。「人間よ、己の未熟さを知れ」などという説教をされてしまいました。

質問者Ａ　あなたは人間ではないのですか。

大川隆法　あなたは人間ではないのですか。

質問者A　宇宙人ですか。

大川隆法　（宇宙人は）「もちろん」と言っています。

質問者A　何星？

大川隆法　あなたは、何星の方ですか。お願いします。

宇宙人　人間ではないのは、もちろんのこと。

大川隆法　では、何ですか。

宇宙人　（約五秒間の沈黙）おまえらが、最近〝引っ掛《か》かって〟おるヤイドロンの敵である。

質問者A　（苦笑）バズーカ……。

大川隆法　バズーカさんですか。

バズーカ　まあ、そういう言い方もあることはある。

質問者A　なんだ、バズーカか。

バズーカ　バズーカならどうでもいいのか。

質問者A　ええ。バズーカは……。

バズーカ　何だ。

質問者A　普通《ふつう》に、「ザ・レプタリアン」なだけです。

大川隆法　ザ・レプタリアン……。

質問者A　ええ。〝ゴジラ〟です。

大川隆法　それで言葉がきついんですね?

質問者A　そうです。

大川隆法　ああ。〝悪いゴジラ〟?

質問者A　〝悪いゴジラ〟です。

大川隆法　〝悪いゴジラ〟だね。

質問者A　信仰心《しんこうしん》を持っていなくて……。

大川隆法　信仰心を持っていないゴジラ？

質問者Ａ　時代遅《おく》れの野蛮《やばん》な恐竜《きょうりゅう》です。

大川隆法　文句《もんく》がありますか。恐竜が円盤《えんばん》に乗ってよいのでしょうか。動いたなあ。動くなあ。

質問者Ａ　（バズーカは）「強い者が勝つ」と言うだけだし……。

バズーカ　そうじゃないですか、だって。

質問者Ａ　あと、「紛争《ふんそう》があれば拡大したい」と言うだけです。

バズーカ　そうじゃないです。だって、今、あなたがたは、テレビで「柳生十兵衛《やぎゅうじゅうべえ》七番勝負」を観《み》ていたでしょう？

質問者A　はあ。

バズーカ　強い者は勝つんですよ。紛争を拡大しようとする者に対して、やっぱり、それを一気に倒《たお》すのが仕事じゃないですか。

質問者A　いや、あなたは、「紛争を拡大したい」と、この間おっしゃっていました（『UFOリーディング　世界伝道を守護する宇宙人』〔前掲《ぜんけい》〕第1章参照）。

バズーカ　ああ、それはもう、まあ……。

質問者A　「紛争を止《と》める」のではなくてね。

大川隆法　ああ、消えかかるなあ。

質問者A　まだ大丈夫《だいじょうぶ》です。映っています。

ただ、今夜は、UFOらしくフラフラ動いてくださったことに感謝します。

大川隆法　うん。ちょっとフラフラしていますね。

質問者Ａ　ええ。ＵＦＯらしい動きでした。

大川隆法総裁が見た「ブッシュ元大統領の夢」に関するバズーカの持論

大川隆法　もう、ちょっと……。そんな言葉しかないんですか。あっ、何か〝チャンバラ〟したいんですか。戦いたい？　戦いたい？

バズーカ　おまえらは、「ブッシュ元大統領の死」を何にも知ろうとしないのか、本当のことを。

質問者Ａ　この間、総裁先生が、ブッシュ元大統領が亡《な》くなる二週間ぐらい前に、夢で（彼を）見ました。

大川隆法　そうだね。

質問者A　はい。宇宙船のなかに牛が十六頭ぐらいいて、バーバラ夫人とブッシュお父さんの元大統領もいらっしゃるところに、総裁先生が、なぜか一緒《いっしょ》にいたらしいのです。

バズーカ　やっと思い出したか。

それから、宇宙船から出たところで景色を見せて、「ブッシュとバーバラに会って、牛十六頭を見て、そして、自分が何か、宇宙船が開《ひら》いて草原《そうげん》らしきところに降りたらしい」というところまで知って、目が覚めて戻《もど》ったんだな。

質問者A　それは、あなたたちの宇宙船と関係がありますか。

バズーカ　〝拉致《らち》〟したのだよ。

質問者A　うわあ！

バズーカ　魂《たましい》だけをな。

質問者A　うわあ……。それは、総裁先生に何をしたのですか。

バズーカ　肉体はそのままだ。

質問者A　では、ブッシュ元大統領は……。

バズーカ　あっちも魂が、もうだいぶ抜《ぬ》けていたので。

質問者A　あなたがたと同じ仲間ですか。

バズーカ　ブッシュ元大統領は、もちろんレプタリアンですよ。

質問者A　あなたたちのほうなんですか。

バズーカ　そうです。

質問者A　あっ、そうなんですか。

バズーカ　私たちの仲間ですから。

質問者A　そうですか。

バズーカ　そうなんです。

バズーカに〝剣豪《けんごう》〟としての考え方を問う

質問者A　あなたたち（の出身）は、ゼータ星と考えてよろしいですか。

バズーカ　君ねえ、ゼータ……。

質問者A　あっ、あなたたちのすぐ左上に、子機が点滅《てんめつ》していますが……。

バズーカ　ええ。あのねえ、私たちもねえ、反撃《はんげき》の機会を狙《ねら》っているんですよ。

質問者Ａ　でも、反撃できないですよ。

バズーカ　そんなねえ、「柳生」（のドラマ）みたいにねえ、取り潰《つぶ》しができると思ったら大間違《おおまちが》いですよ。ええ。そうはいかない。

質問者Ａ　あなたたち（の出身）は、ゼータ星でよろしいですか。

バズーカ　うーん、まあ、そう言ってもよろしい。そういう言い方もある、うん。

質問者Ａ　強ければ、それでいいんですね？

バズーカ　宇宙をねえ、〝剣豪《けんごう》〟として渡《わた》り歩いとるのだよ。

質問者A　いや、剣豪には、「武士の精神」が要《い》るんですよ。

バズーカ　いや、（武士の精神は）あるじゃん？　強ければ勝つ。剣は強ければ勝つ。強い者が正義。

質問者A　それは、単なる「人殺し」と言うんですよ。

バズーカ　何を言う。

質問者A　（「柳生十兵衛」では）「人殺しと剣客《けんかく》は違うんだ」と、テレビで言っていましたよ。

バズーカ　何？　結論は一緒だ。

質問者A　結論は一緒ではないですよ！

バズーカ　結論は一緒だ。

質問者Ａ　やっぱり、そこに、「精神が宿っているかどうか」とか、「正義の観点があるかどうか」とか……。

バズーカ　弱かったら負けて、それで使命が終わるわけだから、結局のところ、正義は立たないんだ。

質問者Ａ　でも、日本の「武士道」とか、全然、理解していないでしょう?

バズーカ　ああ。（レプタリアンの考え方は）武士道にも入っとるよ。

質問者Ａ　いや、入っていないでしょう。

バズーカ　日本の武士道にも入っとる、うん。

質問者A　では、例えば、どんな人として出ているんですか、地球で言うと。

バズーカ　うん？　まあ……。

質問者A　For example?《フォー　イグザンプル》（例えば？）

バズーカ　いや、それは（明かすと）、多少、おまえたち、問題があるんじゃないか？　うーん。

質問者A　はい？

バズーカ　「新撰組《しんせんぐみ》」とか、そんなので出とるかもしらんからのお。おまえたち、困るんじゃないか。

質問者A　うーん……、そうかなあ。

バズーカ　今、「新撰組の涙《なみだ》に、涙ぐんだ」とかいうことを平気で言えるような人がいるわけだからなあ。

質問者A　あなたたちは、涙ぐめないでしょう?

バズーカ　そんな、そんな。おまえ、「クロコダイルの涙」っていう言葉が地球語でもあるのを、君は知っとるかね?

質問者A　では、涙ぐんでいないじゃないですか。

バズーカ　うん。だから、〝嘘涙《うそなみだ》〟ということだよ。レプタリアンの涙は嘘だよ、君ねえ。

バズーカに上司について尋《たず》ねるが……

質問者A　でも、ヤイドロンさんは違うと思います。

バズーカ　だから、ちょっと、流派が違うんだと言っているじゃない？

質問者A　では、あなたたちは〝何流派〟なんですか。

バズーカ　うん、私たちはねえ、まあ、本当に、〝とにかく強ければよい流派〟なんだ。

質問者A　それは、「祖《そ》」は誰《だれ》なんですか。

バズーカ　えっ？

質問者A　祖は？

バズーカ　〝開祖〟は、そらあ難しいわな。それを知るのは難しい。

質問者A　あなたたちの上には誰もいないんですか。

バズーカ　いやあ、永い。歴史が永すぎる。あまりにも永い。銀河系の歴史と、ほぼ変わらんぐらいあるから。うん。

質問者A　本当に？

バズーカ　うん。

フッフッフ、ハッハッハ（笑）。そのあとで、いろいろと理屈《りくつ》をつけて、いろんなことを解釈《かいしゃく》するようなのが出てくるようになるわけだ。

質問者A　でも、「自己犠牲《ぎせい》」も「愛」も「心」も分からず、「涙」も分からないのであれば、けっこうな下等生物に見えますけれども。

バズーカ　そんなことはない。本当に強ければ、そんなものは、もう「一刀両断《いっとうりょうだん》」「一網打尽《いちもうだじん》」ってことになるなあ。

質問者A　それでは、頭は極《きわ》めてシンプルになってしまいますよ。

バズーカ　シンプルというか、強さに違いがあったらしかたない。「恐竜 対 アリ」だったら、もうしょうがないだろう?

質問者A　だから、価値観がすごくシンプルではないですか。

バズーカ　議論が成り立たんじゃないですか、「恐竜 対 アリ」だったら。

質問者A　いや、あなたたちの星に議論はあるんですか。

バズーカ　だから、「強い者は正義で、その支配に屈服しなさい」ということだなあ。

質問者A　では、習近平《しゅうきんぺい》氏とかも好きなんですよね?

バズーカ　いやあ、今、指導しているから、別に……。

質問者Ａ　そうなんですか。

バズーカ　うん。そりゃあそうでしょう。

質問者Ａ　あなたの上司はいるんですか。

バズーカ　何が？

質問者Ａ　上司は？

バズーカ　そんな秘密を、なんで教えなきゃいかんわけよ。

質問者Ａ　いや、だって、せっかく来たんですから、何か秘密を明かしてください。

バズーカ　それは、君たちを偵察《ていさつ》しているんだから、私は〝公安〟ですよ。

質問者A　だから、上司がいるでしょう?

バズーカ　そんなこと、教えるわけないでしょうが。

質問者A　名前は?

バズーカ　〝公安〟が教えるわけないでしょ、そんなの。

質問者A　いや、いや、それを教えてくれないと……。

バズーカが〝予告夢〟を見せた理由を豪語《ごうご》する

バズーカ　いや、ブッシュ元大統領のな、死を予告した〝予告夢〟を大川隆法に送ったんだからさ。そして、「アブダクションとは何か」っていうことを（教えるために）、牛と一緒に連れて……、大統領夫妻と牛と幸福の科学総裁を一緒に招待したんだからさ。

質問者A　あなたたちから見て、総裁先生はどんな存在なんですか。なぜ、わざわざブッシュ元大統領の死を教える必要があったんですか。

バズーカ　いや、いや、いや。だから、わしらの強さを知る必要がある。アメリカだって、おまえたちの思うようになる時代はそう長くはないぞ。私たちは入っておるぞ。だから、中国だけが敵だと思うなよ。（アメリカが）いつも、われわれの支配下に入るかは……。まあ、四年ごとに変わるんだから。

質問者A　では、トランプ大統領（収録当時）との関係性は？

バズーカ　うーん……、まあ、トランプも、そういう気《け》はあるんだが、一定の方向性をちょっと持っておるので、やや流派は違う。

質問者A　ヤイドロンさんとかは、「トランプさんにもインスピレーションを送っている」と言っておりました。

バズーカ　うーん、まあ、そうだな。やつらは、今、ちょっとなあ、なんか……、何て言うか、その強さにね、一定の「兵法」をつけようとしているんだな。

質問者Ａ　「兵法」ではなくて、「精神」をつけようとしているんです。

バズーカ　まあ、精神という言い方もあるかもしらんが。

質問者Ａ　それは、精神がついたほうが高等じゃないですか。

バズーカ　わしらはね、そのねえ、「剣」の「剣禅一如《けんぜんいちにょ》」みたいなやつが、あんまり気に食わないんだよ。

質問者Ａ　だから、「剣の悟《さと》り」すらないじゃないですか。

バズーカ　「禅」は要らんのだ。

質問者Ａ　どうして？

バズーカ　とにかく、「殺せばいい」のであって。

質問者Ａ　それは、本当に機械じゃないですか。

バズーカ　だって、食べるんだもん。どうでもいいじゃない。

質問者Ａ　いや、さっき「新撰組」と言ったけど、惑《まど》わしたでしょう？

バズーカ　いや、新撰組にだってレプタリアンはいますよ、それは。当ったり前でしょうが。

質問者Ａ　それは、だって、新撰組の反対側にもいるでしょう？

バズーカ　それは、反対にもいますよ。もちろんいますよ。

質問者Ａ　だから、どこにも紛《まぎ》れているでしょう?

バズーカ　だから、君たちが好きな者は、みんなレプタリアンだよ。

質問者Ａ　いや、そんなことないです。

バズーカ　ああ、そりゃあ、〝人斬《ひとき》り〟だってレプタリアンだよ。間違いない。だからね、十六頭の牛をアブダクションして、ほかの星に連れていって草原で降ろすところを見せて、ブッシュ元大統領も連れていったところを見せて。そして、十六頭のなかで〝阿波牛《あわぎゅう》〟だけが、ものすごく無残な死に方をしているところをお見せした。

質問者Ａ　あっ、それは、「宣戦布告」だったんですか。

バズーカ　それは、大川隆法の最期《さいご》を見せたということだな。

質問者Ａ　えっ？　でも、たぶん、恐竜より人間のほうが進化していると思いますよ。

大川隆法　上（のＵＦＯ）が消えた。うん。

質問者Ａ　では、さようなら。

大川隆法　はい。

2　宇宙の治安のための活動をする「ヤイドロン」

明かされた、「大川隆法総裁の夢」についての真相

大川隆法　あっ、（UFOが）本当に増えてきたね。バーッと増えてきた。うわっ、一、二、三、四、五、六……。すっごく増えた。今日は多いなあ。

質問者A　本当ですね。これはみんな、総裁先生が出てきたので、船内を点灯《てんとう》しましたね。

大川隆法　今日は多いね。うーん……、今日は多い。

質問者A　（カメラを）いったん切ります……。

（カメラをつけて、映っているUFOの映像を観《み》ながら）ちょっと小さいですね。ちょっとお待ちください。

大川隆法　大きいんだけれどもね、目で見る分には。

質問者A　あっ、いました、いました。

大川隆法　小さいほうを撮《と》っていないだろうね？　下に小さいのがいるから。

質問者A　これで、ちょっと（カメラを）動かしています。固定しました。

大川隆法　下に小さいのがいるから。

質問者A　ちょっと、カメラを動かします。

大川隆法　はい。これが中心的に今（こちらを）見ているように思います。周りに一定の……、透明《とうめい》ですが、一定の大きさが感じられます。

あっ、今、動いたね。あっ、動いている、動いている。

質問者A　ちょっとお待ちください。

大川隆法　降りてくるかなあ。ちょっと降りてこようとしているような、これ。

質問者A　あっ、あららら。

大川隆法　（カメラに映る）角度に入らない？

質問者A　これでいいです。

大川隆法　入らない？

質問者A　これで大丈夫《だいじょうぶ》です。では、これで……。

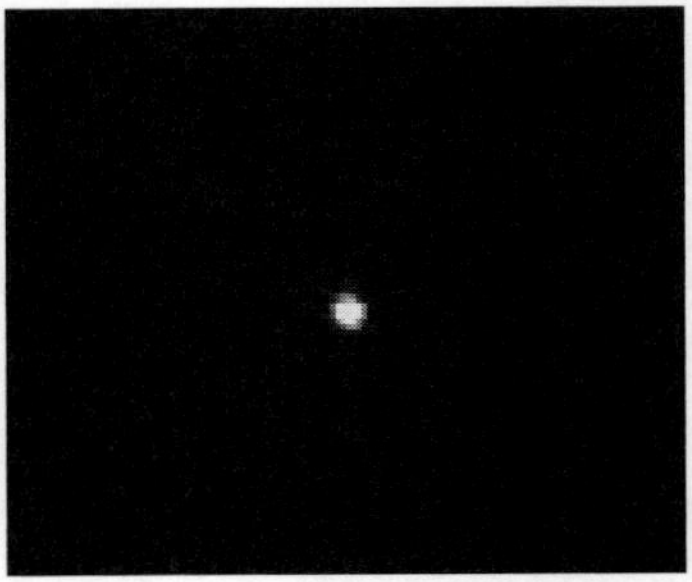

2018年12月3日、東京都上空に現れたUFOの画像。

大川隆法　入る？

質問者Ａ　はい。入っています。

大川隆法　ああ。Who《フー》 are《アー》 you《ユー》? Who are you?

質問者Ａ　（カメラを動かすのを）止めました。

大川隆法　Who are you?
あなたは誰《だれ》ですか。今日は、存在的には何か中心的に見えるんですが。
（宇宙人は）「ヤイドロン」と言っているよ、これ。

質問者Ａ　やはり、ヤイドロンさんなんですね。

大川隆法　うん。「ヤイドロン」と言っている。

質問者A　バズーカがいたからでしょうか。

ヤイドロン　バズーカを牽制《けんせい》しています。

質問者A　はい、そうでしょうね。

ヤイドロン　悪いことはさせませんから、大丈夫です。

質問者A　はい。すみません、いつも。

ヤイドロン　そういうことは許されない。

今、私たちと同じ戦略を立てて、幸福の科学は（中国等への）包囲網《ほういもう》をつくっているところなので、邪魔《じゃま》はさせませんから。気にしないでください。

まあ、（バズーカは）ちょっと、「アブダクションした」みたいなことを言っているけど、そんなことはなくて。総裁が寝《ね》ていてね、魂《たましい》が離脱《りだつ》している、ほんのちょっとの間にだけね、「見せたいものがある」と言われて、ついていっただけの話ですから。

質問者A　ああ……。

ヤイドロン　アブダクションじゃないです。「バズーカの流派や指導している人」について訊《き》く

大川隆法　あっ、雲がかかってしまいましたね。

質問者A　あっ、（UFOの光が）ちょっと薄《うす》くなってきました。

大川隆法　今、雲がかかってしまったので。

質問者A　あちらの流派は何流になるのでしょうか。

ヤイドロン　いやあ、もう……。

質問者A　まあ、普通《ふつう》のレプタリアンですか。

ヤイドロン　〝無鉄砲《むてっぽう》流〟なんじゃないですか。というか……。

質問者A　でも、レプタリアンじゃなくても、「強ければ勝つ」とか、シンプルに、「何かがあれば、それが上」とかいう考え方は、宇宙にも広くありますよね？

ヤイドロン　うん、まあ、〝普通の考え〟ですね。「私たちには、一定の秩序《ちつじょ》というか、そういうものが必要だ」と思っているんですよ。

大川隆法　下も何か出てきたね。あんな下まで出てきた。

質問者A　「バズーカさんをいちばん指導している人」というのは、いるのでしょうか。

ヤイドロン　まあ、向こうも数はいっぱいいるから、確実につかむのはちょっと難しいですけどね、このへんでウロウロするのはバズーカがしていますが、おそらく、まだもう一つ上ぐらいはいる。

質問者A　いますか。

ヤイドロン　いると思いますね、うん。母船のほうにいるでしょう、おそらくね。

質問者A　それも恐竜《きょうりゅう》系の姿なんですかね。

ヤイドロン　うん、まあ、恐竜系かどうかは分からないけど、そんな精神に近いでしょうね。でも、中国？　今の中国を激しく叱咤激励《しったげきれい》していると思いますね。

質問者A　あっ、そうですか。

ヤイドロン　うん。

大川隆法　すごく、今、光っている。今、すごい光だ。

質問者A　おお……。雲の真ん中にいます。

大川隆法　雲の下だな。いや、雲の下にいるよ、あれ。あれを見てごらん。

質問者A　本当ですね。

大川隆法　雲が裏側にいる。

質問者A　そうですね。

大川隆法　上に雲があって、雲の下にいる。間違《まちが》いなく雲の下にいる。あっ、円盤《えんばん》だ。雲の下にいる。ちょっと降りてきているね。雲の下にいる。絶対にいる。

質問者Ａ　見えますか、ヤイドロンさん。

ヤイドロン　うん。

大川隆法　本当だ。星ではない、絶対。雲が上を通っている。雲の下のほうに、ちょっと引っ掛《か》かっていますか、うん。

質問者Ａ　では、どうですかね。エルダー星は、ヤイドロンさんのような考え方を持っている方が多いと考えていいんですか。それとも、まだ、エルダー星のなかにも、「どちらにつくか」というのはあるのでしょうか。

ヤイドロン　だから、エルダー星から地球に送っている者もいるし、まだ残っている者もいるので、考え方には多少相違《そうい》はありますけどね。

ただ、私たちは防衛に成功した側なので。

質問者A　ああ、ゼータ星のほうは（防衛を）失敗したほうなんですね。

ヤイドロン　うん。

上空で陣地《じんち》を張って警戒《けいかい》に当たるヤイドロン

質問者A　あらっ？　ちょっと（円盤が）消えましたね。

大川隆法　雲がかかって……。ああ、あれだよ。（雲を）つくられてしまった。

質問者A　あっ、でも、（円盤は）動いてはいますね。

大川隆法　つくられてしまったね。

質問者A　なるほど。まあ、通り抜《ぬ》けはしますね。ああ、映ってきました。

大川隆法　ああ、出てきた。
まあ、バズーカに対してヤイドロンが……。

質問者A　牽制してくださっている?

大川隆法「牽制している」ということですよ。
（円盤は）下にまであるよ、これ。あんなところまで出てきているから。

質問者A　いつも、ありがとうございます。

大川隆法　たぶん、これは、あのへんまで連盟機だと思うんだけどね。
今日は、本当に「艦隊《かんたい》決戦」かな。あそこの上の……。あれ、もう、こちらからあちらに移動したな、バズーカは。さらに、あちらに行って……。

質問者A　あっ、いや、〝三連チャン〟（三連船）のものがあるんですよね、小さいものので。

大川隆法　うん。下にもあるんですが、横にもあるんですよ。数が多いんです。

質問者A　何でしょう。もう終わりにしてよろしいでしょうか。最後にもう一機、(調べに) いくかどうかです。

大川隆法　ええっと、ヤイドロンさん、ほかに調べたほうがよいものはありますでしょうか。

ヤイドロン　私の隊が、今、五機ぐらい来ています。私の隊が五機ぐらい来て、ちょっと警戒《けいかい》していますので。

質問者A　あっ、そうなんですか。みんなで護《まも》ってくださっているんですね。

ヤイドロン　うん。今、上で、上空で陣地《じんち》を張っているので、大丈夫です。

質問者A　すごいですね。そういう争いがあるとは……。

ヤイドロン　来たということで、バズーカが来ているというので、五機来ています。大丈夫です。絶対、護りますから。

質問者A　バズーカねえ。何をしたいんだろう。

大川隆法　バズーカは何を狙《ねら》っているんでしょう。何か混乱……、何か混乱はあるかなあ？

でも、確かに反対勢力もあるよなあ。あちらはあちらで、今は世界的にいろいろと、「一帯一路《いったいいちろ》」戦略で荒《あ》らしに入ろうとしているからなあ。これは、「地球をめぐっての戦い」だから、しかたないね。

バズーカの（ＵＦＯ）は、一つ大きいね。あの機ね。

質問者A　ちなみに、ヤイドロンさんの、今日のＵＦＯの形は？

大川隆法　あっ、（大きいのは）ヤイドロンさんのほうだね、これ。
ヤイドロンさんの、今日のＵＦＯの形について教えてください。

ヤイドロン　直径七十メートルぐらいあります。

質問者Ａ　大きいですね。

ヤイドロン　うん、大きいです。直径七十メートル、高さは十五メートルぐらいです。形は「どら焼き」型です。
総員、今、三十五名で乗っています。

質問者Ａ　エルダー星のコウスティング（気晴らし）とかは何かあるんですか。

ヤイドロン　「遊び」ということですか。

質問者Ａ　「遊び」だと何があるんですか。

ヤイドロン　そうですねえ、私たちはもう本当に激務なので、「遊び」というのはあんまりないいんですけどね。

「魔法《まほう》」と「念力《ねんりき》」の関係について

質問者Ａ　この間、ヘルメス様とかモーセ様が総裁先生の夢に出てこられました。これは魔法《まほう》系のお話（二〇一八年十二月十一日の法話《ほうわ》「奇跡《きせき》を起こす力」。『鋼鉄の法』所収）をされる予定が近かったりするからかもしれないんですけれども、「魔法」と「念力《ねんりき》」というのは関係がありますか。

ヤイドロン　あっ、それは関係はあるでしょう。まあ、念力は普通の人でも持っています、ある程度ね。強弱はあります。

ただ、念力をもっと強度化しないと魔法までは行かない。

ですから、魔法になると、やっぱり、もう「一定の法則」を支配できるところまで行かないといけないので。

うーん、「一定の法則」が働くようになりますね。

『鋼鉄の法』（幸福の科学出版刊）

まあ、（魔法は）もうちょっと強いもので、魔法にはまた〝伝染力《でんせんりょく》〟もあると考えていいと思う。ほかの人にも、何て言うか、そういう力を授《さず》けることができるんですね、要するに、魔法も一定のレベルまで行くと。

念力は、〝授けるレベル〟じゃないんです。個人のものですけど。魔法になると、集団で力を使えるようになってきますね。

質問者A　プレアデスにも魔法があったり、ベガにも魔法があったりするじゃないですか。

ヤイドロン　ありますよ、うん。みんなありますよ。

質問者A　各星で、「魔法のエネルギーの出し方」というのは違うんですかね。

ヤイドロン　うん、まあ、これは全部ね、「霊的《れいてき》存在であるということを、どういうふうに三次元的に表現するか」ということの違いなんですよね、ええ。三次元的に表現しようとしているんですよね。

だから、そういうものがないと、霊的存在であるところを忘れてしまう。すなわち、魔法を使おうとするならば、「精神統一」や、それから「目に見えない力が働くこと」を、やっぱり知ってなきゃいけない。

ということは、外見上、肉体をたとえ持っていてもね、それだけが自分じゃなくて、自分の本源には、やっぱり、もっともっと深いところに心があるんだということを知らなきゃいけないということなんですよね。

もちろん、〝チャンバラ〟をしてもね、やはり、念力は要《い》りますけどね。

ただ、それは、それ以上のものではないと思うんですが。

魔法になってくると、例えば、今の政治家でも一定の人気が出てきたりすると、魔法を使い始める感じにはなりますね。

魔法になると、やっぱり、信仰《しんこう》とよく似たところがあって、「人の念力を吸収して、それをまとめて使う」みたいな力になってきやすいんですね。

「念力縛《ねんりきしば》り」や「電撃一閃《でんげきいっせん》」はどうすればできるのか

質問者A　例えば、エルダー星にいるとすると、誰しもがその星で生まれると魔法を使えるようになるというわけではなくて……。

ヤイドロン　いやあ、修行《しゅぎょう》もあるし。

質問者A　修行が必要？

ヤイドロン　修行もあるし、組織力もあるし。

質問者A　組織力？

ヤイドロン　うーん。やっぱり、チームを組んで、やれば強くなりますよね、うん。それから、「テキスト」というか「教本」があって。やっぱり、そのレベルに合わせた教本はありますね。

質問者A　ちょっと違うかもしれないんですけれども、例えば、「ハリー・ポッター」のホグワーツ魔法学校みたいな、ああいう学校はあるということですか。

ヤイドロン　うーん、まあ、一緒《いっしょ》ではないけど、一定のそういう……、必要な方々にはね、そういう力は与《あた》えますね。

だから、肉体的な強さだけでないもの……。まあ、肉体も鍛《きた》えるんですが、鍛えているうちに、精神力が強くなってくるでしょう？

質問者A　ええ。

ヤイドロン　そうすると、念力《ねんりき》が出てくるんですよね。念力が出てくる。その念力が強くなってくると、例えば、あまりの〝殺気《さっき》〟を感じたら、人は動けないようになるじゃないですか。そういうふうに、磁場《じば》ができ始めるんですよね。

それで、例えば、あなたがたの映画でも、「宇宙の法―黎明《れいめい》編―」でつくったように、何て言うか、念力で縛《しば》り……。あれは、〝金の縄《なわ》〟みたいなもので縛ったでしょう？

質問者A　ええ。

ヤイドロン　ああいうふうな「念力縛り」ができるようになるんですよね。

質問者A　うーん……。そうですね、「緊縛封印《きんばくふういん》」ですね。

ヤイドロン　うん、あれができるんです。

質問者A　「電撃一閃《でんげきいっせん》」は、どうすればできるんですか。

ヤイドロン　「電撃一閃」は、ちょっと……。だから、われわれのようなところから引いてくることですよね。

質問者A　ああ……。〝宇宙からの力〟を引いてくると？

ヤイドロン　そうそうそうそう。だから、簡単ですよ。あなたがたであれば、もう（私たちに）声は届きますので、何かそういうのが来たら……。

質問者Ａ　「ヤイドロンさん！」と呼べばいいわけですね？

ヤイドロン　「ヤイドロン、『電撃一閃』お願いしまーす！」と支援《しえん》をお願いしてから、相手に向かって、「電撃一閃！　粉砕《ふんさい》！」とかやれば、われわれのほうからの（電撃）が流れます。

質問者Ａ　へえー！　そのエルダー星の電撃は、どこから来るんですか。

ヤイドロン　うーん……、まあ、それは、話せば長くなるなあ。

質問者Ａ　ああ、長いんですね。

ヤイドロン　それはもう、神の起源まで行くから。「神とは何か」まで説明しなきゃいけなくなりますね。

質問者Ａ　そういうことですか。

ヤイドロン　うーん。だから、簡単ではないですね。

宇宙の治安に当たって、常に自分に問うていることとは

質問者A　でも、各星によって、魔法の種類もちょっと変わるということですか。

ヤイドロン　違います。だから、「美しければいい」というようなものもあれば、その美しさを使って、もうちょっと「foxy《フォクシー》に（色仕掛けで）」人を騙《だま》して、何かしようとする者もいるしね。

「それだけで……、美しく見えたらそれだけでいい」という者もあれば、「お金に換《か》えないと気が済まない」というような者もいるし、「地位にしたい」、「名誉《めいよ》にしたい」、いろいろあるよね。そういうものもあるので。

われわれはそういう、何て言うか、〝九尾《きゅうび》の狐《きつね》〟的な魔法は使わないですしね。まあ、いちおう、いわゆる「フォース」に近いものかもしれませんけどね。

ただ、「正義」のフォースをできるだけ使おうと、今、考えております。

質問者Ａ　なるほど、なるほど。分かりました。

ヤイドロン　いや、私たちだって、それはね、いろんなものを殺すことはできますけれども、やっぱり、「そこに正義があるかどうか。善であるかどうか。動機善なりや。結果善なりや」を、常に問いながらやっておりましてね。

だから、こちらは宇宙の治安に当たっているのであって、そういう残忍《ざんにん》さには加担する者ではありません。

質問者Ａ　ああ……。では、本当に、「地球のなかでの秩序を護るための部隊」とかがあるように、宇宙にもそういう活動をしている人たちがいるということですね？

ヤイドロン　そうですよ。だから、バズーカとかが来たらね、五機ぐらい連れてきて、ちゃんと警備に当たっていますから。

やっぱり牽制することは大事で、自衛隊と変わらないですね。

質問者Ａ　例えば、バズーカの船とヤイドロンさんの船、ＵＦＯとで通信することはできるんですか。

ヤイドロン　まあ、お互《たが》い、もうテレパシーで通じちゃうから。

質問者Ａ　あっ、テレパシーの世界になるんですか。

ヤイドロン　ああ。ただ、われわれがいるかぎり、手出しができないですよ。だから、いつももう見張っています、最近はずっと。

質問者Ａ　では、バズーカさんより〝でかいの〟が来たら、どうしますか。

ヤイドロン　〝でかいの〟が来ても、われわれにもまだ仲間はたくさんいますので、集めます。力が足りないと見たら集めますし、ほかの惑星《わくせい》連合の人たちもいるから。

質問者Ａ　ええ。仲間はいっぱいいるということですか。

ヤイドロン　仲間を呼びますので。いや、本当になったら、百隻《せき》でも集まりますよ、うん。ＵＦＯフリート（艦隊）をもうあなたがたにお見せしなきゃいけなかったら、それは集めます。

今、来ているものは全部で十機ぐらいですけどね。周りにいるんですけど、ええ。

質問者Ａ　なるほど。ありがとうございます。

ヤイドロン　いや、私でけっこう強いので、そんな簡単ではないですよ。私がいれば、そんな簡単ではないので、ええ。大丈夫ですから。

質問者Ａ　ありがとうございます。

ヤイドロン　まあ、護りますから、大丈夫ですよ。

質問者Ａ　はい。

、エルダー星の恋愛《れんあい》について

ヤイドロン　今日は、何か悩《なや》みでもありましたか。

質問者A　うーん……。

ヤイドロン　特にはないですか。

質問者A　うーん、まあ、そうですねえ……。

ヤイドロン　大きな〝あれ〟が近づいているんですね？　祭りがね。

質問者A　そうですね。「エル・カンターレ祭」が……。

ヤイドロン　だから、ちょっと何かね、一週間ほどだから、何か妨害《ぼうがい》でもできないかなと思っている人はいるかもしれませんね。

質問者A　エルダー星にも恋愛《れんあい》はあるんですか。

ヤイドロン　ハハハ（笑）、そういうことに来ましたか。

質問者A　フフッ（笑）、この間、「結婚《けっこん》制度は、いちおう、あると言えばある」とは言っていました。

ヤイドロン　あのねえ、やっぱり……、ハハ（笑）、こんなの恥《は》ずかしいなあ。

質問者A　はい（笑）。

ヤイドロン　まあ、何て言うか、やっぱり強い人には憧《あこが》れるじゃないですか、女性も。

質問者A　ああ……、はい、はい。

ヤイドロン　やっぱり、そういうのはあるね。だから、強い者に憧れて、そして、「子孫《しそん》を残したいなあ」っていう気持ちがあるからね。うーん、それはあるよ。

質問者A　その「強さ」というのは、先ほどヤイドロンさんがおっしゃっていたような強さを秘《ひ》めている人ということですか。

ヤイドロン　真に強くなければ、優《やさ》しくはなれないんですよ。

質問者A　なるほど！　それは、岡田准一《おかだじゅんいち》さんみたいですね（『人間力の鍛え方——俳優・岡田准一の守護霊《しゅごれい》インタビュー——』〔幸福の科学出版刊〕参照）。

ヤイドロン　真に強い男は、やっぱり優しいんですよ。だから、強くて優しい男に女性は惹《ひ》かれるんですよ。

質問者A　なるほど。それは地球と同じですね。

ヤイドロン　私たちは、だから時代によってはね、やっぱり地球を護るためにね、いろいろとやって、それは命を賭《と》して戦うこともありますけど、必ずヒーロー側の人間ですから、私たちはね。

質問者Ａ　なるほど。分かりました。

ヤイドロン　まあ、大丈夫です。真上で止まっていますから。

質問者Ａ　何か、すごく面白《おもしろ》い形のものがあるんですよね。

大川隆法　どこ？

質問者Ａ　一回、切ります。ヤイドロンさん、ありがとうございました。

ヤイドロン　はい、はい。

バズーカに対する防衛のために、どのような布陣《ふじん》をしているのか

大川隆法　あの三連船は、バズーカに対して並んでいるんじゃないですか。

質問者A　ちょっと、（カメラの）画面に映らないですかね。

大川隆法　小さいから映らないのかな。これは、バズーカに何か……。

質問者A　バズーカのほうが映ってしまいました。

大川隆法　こんな……。不自然ですね、こんなのはね。

質問者A　いやあ、かなり不自然ですよね。

大川隆法　不自然ですね。バズーカに対して、何か……。

質問者A　あっ、これですか。映りました、映りました。この三つ。

大川隆法　うん。バズーカに対して、これは並んでいるのではないですか。だって、攻撃《こうげき》できる態勢だもの。

質問者A　あっ、すごい。

大川隆法　これは防衛しているんだ。

（約五秒間の沈黙《ちんもく》）縦に並んでいるね。不自然ですね、これは絶対に。

（約五秒間の沈黙）さらに上を見ると、まだ、ちょっといるような感じですね。防衛していますね、これは。

質問者A　防衛してくれているんですね。

大川隆法　これはどう見ても、バズーカに対して防衛をしていますね。

（約五秒間の沈黙）一、二、三、四、五、六、七、八、九。九機ぐらい。

質問者A　ああ、下に……。二機までしか映らないな。三機あるんですけどね。

大川隆法　……十機あります。本当だ、バズーカ以外に十機ある。

質問者A　うわあ。

大川隆法　（ヤイドロンさんの）おっしゃるとおり。

質問者A　配置しているんですね。

大川隆法　うん。警戒していますね。

質問者A　ぜひ映したかったんですけれども、〝三連チャン〟（三連船）がちょっと……。

大川隆法　映らないか。

質問者Ａ　たぶん、真ん中のほうは映るんですけどね。

大川隆法　うーん、三つは入らない？

質問者Ａ　三つは入りません。

大川隆法　うーん。

質問者Ａ　ちょっと（カメラを）動かしています、今。

大川隆法　でも、あれですね、ヤイドロンさんは防衛に……。

質問者Ａ　来てくださっている。

大川隆法　「十機ぐらい来ている」と言っているから、そうなんでしょうね、これは。

質問者A　はい、すごいですね。

大川隆法　まあ、防衛にこういう布陣《ふじん》をして、丸い弧形《こがた》の布陣をして、その前に縦に三列に並んで、さらに後ろに二機あって、それでヤイドロンがいるからね。

質問者A　（カメラを）動かしています、今。うーん、〝三連チャン〟がどうしても映せなくて残念です。

大川隆法　そうだね、目で見えるのにね。

質問者A　そうですね。いちばん大きいものだけ、ちょっと映りましたね。

大川隆法　うん。

質問者A　では、今日はこのへんにしましょうかね。

大川隆法　いいですか。

質問者A　ありがとうございました。

大川隆法　はい、「来ていた」ということですね。
（約五秒間の沈黙）やはり、そんなに高くないね。うーん……、まあ、三百メートルか、五百メートルか、そのくらいの高さだね。
すごいね、すごいね。

質問者A　「上空で宇宙戦争」みたいな……。

大川隆法　「宇宙戦争」をやっています。すごいです。「スター・ウォーズ」です。

質問者A　だって、一気に（ＵＦＯの）光がつきましたからね。

大川隆法　うん。いきなりパパッと点灯するようについたからね。これは、もうちょっとでフリート（艦隊）になる寸前じゃないの？

質問者Ａ　そうですね。

大川隆法　うん。何十機になったら、もうこれは完全にフリートになる。ＵＦＯフリートになる。

質問者Ａ　本当にありがとうございます。

第7章

宇宙における「価値観の対立」と「地球革命」

―

マゼラン星雲β《ベータ》星バズーカ／エルダー星ヤイドロン／さそり座ハニカニ星ミケーネ

2018年12月15日 収録　幸福の科学 特別説法堂《せっぽうどう》にて

1 恐怖《きょうふ》のクリエーターと自称《じしょう》する「バズーカ」

月の手前に堂々と居座《いすわ》っているUFOの正体

質問者A　録画を開始します。

大川隆法　（カメラに）入りますか。

質問者A　はい。ちょっと拡大します。月の横に……。

大川隆法　はい。月の近くに、わざわざ堂々と止まっています。映りますか?

質問者A　ちょっとまだ動かします。拡大します。

大川隆法　映った?

質問者Ａ　ああ、映っています。

大川隆法　はい、月の手前に堂々と出てきているものがありますね。

これはちょっと、何となく新しい感じがするんですが。そうですね。動くかもしれないから。上へ来るか、下がるか、まだ分からないですけれども、下がられたら、木に隠《かく》れてもう見えなくなる。見えなくなります。

はい。ちょっと月の光を浴びて、月と地球の中間にあって、比較《ひかく》的近いところにあると思います。居座《いすわ》っています。普通《ふつう》はいないですね。普通はいないものがいるけど、月から光を浴びて、堂々と居座っています。肉眼では、オレンジ色に近い色に見えています。

これは、かなり近いところに存在すると考えられます。高さは、そうずっと高くはないが、直線距離《きょり》的に見ても、これはせいぜい三百から五百（メートル）程度にしか見えませんね。それほど遠くではない、一キロもないと思いますね、直線的に見て。

2018年12月15日、東京都上空の月（写真左上）の近くに現れたUFO（写真右下）の画像。

うーん、あれだと、そうですね、どっちだろう……。もうちょっと西のほうかな。ここかもしれませんが。

質問者Ａ　あっ、ちょっとこれは下に動きますね。

大川隆法　下に来る？

質問者Ａ　はい。ちょっと……。

大川隆法　消える、隠れるね、まもなく。早めに録《と》らないと、木に隠れますね。

質問者Ａ　はい。では、どこから来た人ですか。

大川隆法　はい。あなたはどこから来た者ですか？　教えてください。今、月の近くに映っている者よ。あなたはどこから来た者ですか。教えてください。

（約五秒間の沈黙《ちんもく》）

（宇宙人は）「ヤイドロンじゃなくて残念だな。俺《おれ》はバズーカだ」と言っています（苦笑）。

質問者Ａ　（苦笑）バズーカですか。

大川隆法　何だ……、一人、離《はな》れているのか。

質問者Ａ　だから、（さっき）マイクが壊《こわ》れたんじゃないですか？

大川隆法　（宇宙人は）「バズーカだよ」と言っているね。久しぶりだな。

バズーカが考える「正義」と「宇宙の原理」

質問者Ａ　何をしに来ましたか。

バズーカ　何しにって、毛嫌《けぎら》いするんじゃないよ。

質問者A　えっ？　では、あなたは私たちのことを好きですか？

バズーカ　私のほうが〝正義〟の可能性だってあるだろうが。

質問者A　あなたの正義は何でしょうか。

バズーカ　私の正義は、「強きを助け、弱きを挫《くじ》く」ということです。

質問者A　弱きを挫くんですか。

バズーカ　うん。淘汰《とうた》が大事ですからね。「宇宙の原理は淘汰にある」と考えております。

質問者A　あなたは何番隊長ぐらいですか？

バズーカ　「何番隊」っていう言い方はちょっと理解しかねるけれども、「あなたがたに対して」ということであれば、攻撃隊《こうげきたい》の「一番隊」です。

質問者Ａ　「一番隊」なんですか。

バズーカ　もちろん、うん。

質問者Ａ　あなたの上司は何人いるんですか。

バズーカ　うーん、まあ、われわれの考えには、上司という考えはそんなにはないんだけどね。グループで動いてるもんだけど、ただ、私は今、見てのとおり一人で……、一人というか一隻《せき》で、今、見張ってる状態だけどな。

質問者Ａ　何人乗りですか？

バズーカ　五人乗りなんです、今のは。

質問者Ａ　案外、少ないですね。

バズーカ　ええ、まあ、今、これは直接の部隊じゃなくて、「モニタリング用」なんで。

質問者Ａ　あれ？　あなたはゴジラみたいな格好でしたよね？　恐竜《きょうりゅう》じゃなかったでしょうか？

バズーカ　まあ、あんまり美しくない表現ですね。

質問者Ａ　そのようなお姿の方が五人乗っているんですか。

バズーカ　うーん、まあ、ちょっと人間的ではないものが五人ほど。

質問者A　なるほど。でも、あなたに指令を出す人がいるはずですよね。

バズーカ　それは母船があるからねえ。五人乗りが出るには、母船が上に要《い》るでしょうからね。

質問者A　では、その母船のリーダーの人はいるんですか。

バズーカ　出てきてないから、それは用心してるんだろうねえ。

質問者A　なぜ、そんなに、幸福の科学というか、総裁先生のところに来るんですか。

バズーカ　うーん、やっぱり優《やさ》しすぎるよ。

質問者A　優しすぎる？　何に対して？

バズーカ　生きているものに対して。

質問者Ａ　でも、あなたも生きているんですよね？

バズーカ　いや、私はねえ……。

質問者Ａ　あれ？　何か、光が消えそうです。

大川隆法　ああ、これは、もうすぐ映らなくなるね。

バズーカ　月の光に隠れて見えないようにしてるんだけどねえ。だから、月の方角に母船はいるんだよ。実は隠れてるんだけどね。

質問者Ａ　（カメラを）ちょっと動かしますね。

大川隆法　映らなくなるねえ。

バズーカ　もうすぐだから、早く訊《き》いてくれ。

質問者A　あなたも生き物ですよね？　あっ、映った、映った。

バズーカ　まあ、「生き物」という意味では「生き物」だけど、私はちょっと〝生き物を超《こ》えてる〟存在なんで。

質問者A　「生き物を超えている」というのは、どういうことですか？

バズーカ　うーん。まあ、「殺人マシン」というか、何と言うかねえ、「恐怖《きょうふ》のクリエーター」ですねえ。

質問者A　恐怖をつくり出したいんですか？

バズーカ　うん、うん。

質問者A　それで、人間が恐怖するのを見ているのが楽しいんですか。

バズーカ　私はねえ、まあ、どっちかというと、「支配・被支配《ひ》」っていう関係……、〝宇宙の原理〟の一つなんですよ。「支配する者」と「支配される者」の関係をつくるという、上下をつくるというのは、宇宙の原理の一つでね。その原理を、私は背負ってる者なんだ。

質問者A　なるほど。では、身分制社会とかのほうがいいということですか？

バズーカ　まあ、「強い者」と「弱い者」、「正しい者」と「間違《まちが》った者」、これがはっきりしないと〝宇宙の秩序《ちつじょ》〟を守れないんですよ。

そういうことを強く確信している者が、私のほうのグループにいるんです。

質問者A　あっ、だから、やっぱり、中国の共産主義のように、「みんな平等だ」と言いつつも、一部のエリートと共産党のトップが絶対的な権力を持つというスタイルが好きなんですね。

バズーカ　よその国だと、悪いことのように思うでしょう？　ただ、自分たちの仲間だったら、造反する者が来たら、ちょっとのものでも腹が立つでしょう？　やっぱり、悪口を言ったりするとね、腹が立つでしょう？　だから、やっぱりそういうふうに、結局は一緒《いっしょ》なんですよ、そう言ってもね。

「愛」や「慈悲《じひ》」より「結論を急ぐ」ことを重視？

質問者A　でも、あなたにそういう価値観があるということは……。

バズーカ　ちょっと頭がよすぎるだけなんです。

質問者A　いえ、〝頭がいい〟というか、シンプルですよね、でも。

バズーカ　結論が早いだけなんですよ。

質問者A　でも、シンプル……。

バズーカ　結論が早いんですよ。

質問者A　「愛」とか「慈悲《じひ》」とかは分からないということですよね？

バズーカ　結論が早いんですよ。粉砕《ふんさい》する。結論を早める。簡単なやり方をする。完全に妨害物《ぼうがいぶつ》を吹《ふ》っ飛ばす。わりあい、それでねえ、物事はすっきりすることがあるんです。

大国ほど、そうしなきゃいけないんですよ。小さい国はともかくね、大きいところは、そういう合意なんか取れないから、とにかくザーッと力でやってしまわなきゃいけないんで。

別に、日本がそれをやってないわけじゃないよ。沖縄《おきなわ》の辺野古《へのこ》の埋《う》め立てをやってるのを、住民が知事選で反対したから反対だって言ってるけど、国が強行して、防衛省が強行して埋めてるでしょう？　やらないかんときもあるんだよ。

質問者A　そういう断行するときには、あなたがたは力でやると。

バズーカ　そうそう。「愛でもってやる」とか「弱者を護《まも》る」とか言ってたら、もう全然進まなくなるでしょう？

だから、われわれの原理はねえ、完全に排除《はいじょ》はできないんです。ヤイドロンだって排除はできないんですよ。彼らは、ちょっとね、違う考えをいちおう〝クッション〟として入れようとはしてるけど、結論的に見れば、私たちよりちょっと頭が悪いだけであって、一緒なんですよ。

質問者A　（苦笑）それは〝頭が悪いこと〟になるんですね？

バズーカ　結論は一緒なんですよ。

質問者A　でも、「愛」や「慈悲」を持つことは、頭が悪くなることではないと思うんです。

バズーカ　いや、それはねえ、「悪魔《あくま》ではない」と見せるためのカモフラージュなんですよ、「愛」とか「慈悲」とかいうのは。

質問者A　いえ、カモフラージュではないですよ。

バズーカ　それを取ったら、悪魔かどうか分からないからね。神だって、「怒《いか》り」や「罰《ばち》」を与《あた》えるんでしょう? ヤイドロンだって、「怒り」や「罰」を与えるって言ってるじゃない。だから、本当はそうなんだけど、そうでないところをちょっと見せて、天使に見せようとしてるわけなんですよ。

質問者A　でも、あなたたちのような存在を生み出した存在もあるということですよね。

バズーカ　だから、頭のいい人はね、まあ、そうだよね。

質問者Ａ　頭がいいというか、あなたたちをよしとして、宇宙に存在させてくれている存在がいるんですよ。

バズーカ　いやあ、あなたがたみたいな〝アリんこみたいなもの〟は、いつでも踏《ふ》み潰《つぶ》せるんだけどね。だけど、それを長い目で見ようとしてる人もいて。だから、お互《たが》いの意見を調整し合って、兼《か》ね合いを見てるわけよ。ヤイドロンだってねえ、ちゃんと洪水《こうずい》だの、地震《じしん》だの、津波《つなみ》だのを起こしてるからねえ。

質問者Ａ　あっ、分かった。ヤイドロンさんが当会で有名になったから、自分もそうなろうと思っているんでしょう？

バズーカ　当たり前じゃないの。やっぱり、ライバルとして競合しなきゃいけないでしょう。

大川隆法　でも、一機しかないのが寂《さび》しいね。

質問者A　そうですね。五人乗りで一機だと、けっこう寂しいですね。

バズーカ　今、ちょっとね、勝ち目がないので。今、ちょっと監視《かんし》だけなんで。

質問者A　あなたたちの母船とか大勢は、中国のほうの支配をどうにか……。

バズーカ　隠れてるんで、今はね。

質問者A　あなたたちはどこの星から……、あっ、マゼラン星雲のゼータ星か。

バズーカ　そうなんですよ。

質問者A　ゼータ星は、なぜ敗れたんですかね。

バズーカ　うーん……、まあ、罠《わな》にかかったのかなあ。私たちは「結論を急ぐ」からねえ。この知恵《ちえ》が邪魔《じゃま》して、もう餌《えさ》に食いつくと見て、罠をかけられたのかなあ。

質問者Ａ　なるほど。そういう発想なんですね。

バズーカ　こういう種族はねえ、必要なんですよ、人類の進化にとってはね。私たちみたいな考えがなかったら、外科《げか》手術だって存在しないですからね。乱暴でしょう？　人の体の病巣を取り除いて治すなんて、考えられないじゃないですか。

漢方薬的な考えではねえ、治らないですよ。

質問者Ａ　でも、外科手術をするということは、手術をする人に対して、「その人がよくなってほしい」という思いがあるからしますよね？

そういう思いはお持ちなんですか、例えば、するとしたら。

バズーカ　うーん。まあ、あんまり持ってないけどねえ。とにかく「悪いところを除く」ほうが前提で。

質問者A　でも、「悪いところを取り除いた結果、その人がさらによくなる」と思って、取り除くんでしょう？

バズーカ　まあ、そこのところがねえ、ちょっと私の役割ではないんで。

質問者A　もし、そういう思いをあなたが持っているんだったら、それは、あなたのなかにも「愛」があるということですけれども。

バズーカ　いや、それは宗教家の考えであってね、外科医、執刀《しっとう》するほうは、ただただ「悪いところを取り除く」っていうことに専念するわけよ。

質問者A　ああ、機械的に考えているということですか。

バズーカ　理性的で、医者は唯物論《ゆいぶつろん》でも何でもいいわけよ、「結果」がよけりゃね。だから、そんなに深く考えないの。感情を抜《ぬ》きにして、とにかく「結果」に集中していくんだよね。

映画「宇宙の法―黎明編《れいめいへん》―」を侵略者側《しんりゃくしゃがわ》の視点から観《み》ているバズーカ

質問者A　では、「宇宙の法」（アニメーション映画「宇宙の法―黎明編《れいめいへん》―」）で、ザムザさんが最後に、信仰《しんこう》レプタリアンになったじゃないですか。あの映画を観《み》て、どう思いました？　ザムザに対して。

バズーカ　情けないやっちゃ。もう食べられたらいいんだ。

質問者A　そちらですか。

バズーカ　うん。

質問者A　えっ？　では、（映画に出てくる裏宇宙の邪神）ダハールについていきたいと思いますか？

バズーカ　ダハールは、〝かっこいい〟じゃないの。もっと武器を与えてやらなくては。

質問者A　えっ！　だって、ダハールは、「裏宇宙にされた」と言って怒《おこ》っているだけだから、結局、負けているほうなんですよ？　負け惜《お》しみを言っているだけですよ。

バズーカ　まあ、それはねえ……、いやいやいや、仲間をもうちょっと呼んでこなきゃいけないよね、あれね。

質問者A　あれを観て、かっこいいと思うの？

バズーカ　まあ、いちおう、〝かっこいい〟じゃないの。だって、敵の数のほうが多いじゃない、圧倒《あっとう》的に。

質問者A　でも、実際は負けているんですよ？

バズーカ　いや、負けてるっていうのは、そっちから描《えが》いてるから負けてるように見えてるだけで、向こうから見たら、（地球に）侵略《しんりゃく》してきてるわけですからね？　陣《じん》地《ち》、敵の本陣まで攻め込んできてるんでしょう？　だから……。

質問者Ａ　バズーカさんとは長い話し合いが必要ですね。

バズーカ　だから、“The Beginning《ザ・ビギニング》”の（地球神）アルファさんは、もう“消される”寸前だったからね、最後で。ねえ？　ガイア様（アルファの妻として守護神的役割も担《にな》った女神《めがみ》）はもう負けたんだ。ね？　もう法力《ほうりき》を破られてしまったんだからさ。危なかったよ、危なかった。

質問者Ａ　でも、アルファ様は、ちゃんと勝ちましたよ。

バズーカ　アルファは、年を取ったら死んでるかもしんないよねえ。

質問者Ａ　あなたたちには、寿命《じゅみょう》はあるんですか。

バズーカ　うーん、あるようでないようで、ないようで……。私たちは、いちおう、何て言うかなあ、〝使い回し〟をされてるんで。〝故障〟したら直されたりするんですけど。

質問者A　親子は？

バズーカ　ええっ？　何が？

質問者A　親子とかはありますか。

バズーカ　まあ、「親子」っていう考えはあまりないんだな。ある程度の数、孵化《ふか》して、それからトレーニングして、選別をかけて、そのなかで優秀《ゆうしゅう》なやつを育ててエリートにしていく。まあ、そういう考えなんですよ。

質問者A　では、サイボーグに近いですね。

バズーカ　そういう言い方もあるかもしれないが……、神から見れば、みんなサイボーグですから。

質問者Ａ　そんなことないです。

バズーカ　そうですよ。

質問者Ａ　まあ、では、今回はこれで。

バズーカ　はい、はい。

質問者Ａ　はい、ありがとうございました。

大川隆法　もうすぐ映らなくなるからね。

質問者A　はい。ありがとうございました。

大川隆法　では、あちらの（ＵＦＯを）……。（私たちの）援軍《えんぐん》はたくさんいるみたいですから。

2　救世主を護《まも》る「ヤイドロン」の力

バズーカがやって来た理由を明かすヤイドロン

大川隆法　地上四百メートルぐらいの高さにある発光物体だと思います。

（約十秒間の沈黙《ちんもく》）撮《と》れますか。

質問者A　ちょっとお待ちください。

（約十秒間の沈黙）あっ、撮れました。

大川隆法　入りました？

質問者A　はい。

大川隆法　はい。入った？

質問者A　入りました！　今回、入りました。

大川隆法　入った。

質問者A　止めてます、今。

大川隆法　はい。今日は雲がないので、もう星との区別があまりつかないのですが、私の目視では、これは一見、星のように見えるけれども、たぶん、上空、推定四百メートルぐらいの光だと思われます。ほぼ真上から、全景が見える位置に陣取《じんど》っていますね。たぶん、これが中心ではないかと……。

あそこに、動いていくものがあります。あれはヘリコプターだな、違《ちが》うな。ヘリコプターかジェット機か何か飛んでいくのがありますが、これは違う。では、訊《き》いてみましょう。今映っている、これは何ですか。言ってください。ヤイドロンですか。どうですか。

（約五秒間の沈黙）

ヤイドロン　もちろん、ヤイドロンです。はい。

質問者Ａ　バズーカさんがいらしたからですね？

ヤイドロン　陣地を張っています。十数機で陣地を張っています。

だから、びくともしませんから。向こうは一隻《せき》ですから、びくともしませんので安心してください。

ちょっとね、「よくないこと」を考えている。

質問者Ａ　「よくないこと」を考えている？

ヤイドロン　うん。「よくないこと」を考えているので。狙《ねら》っています。長男のところに〝引っ掛《か》け〟て、何か隙《すき》がつくれないかと、今、考えていると思います。

2018年12月15日、東京都上空に現れたUFOの画像。

質問者Ａ　「そんなに暇《ひま》なのか」と言ったら失礼ですけれども……。

ヤイドロン　いやあ、やっぱり、宇宙の価値観をつくるのに、今、「地球の価値観のところに問題はある」のでね、大きいんですよ。

（幸福の科学の）理事長が今、中国の『毛沢東《もうたくとう》の霊言《れいげん》』を「早く出せ」と言っているでしょう？　ああいうのに対して反応して来ていますから。あちらのがバレるから。「裏宇宙」から、バズーカや中国との関係がバレてくるので。

うーん……。まあ、でも、エル・カンターレ祭をやって、あれだけ大勢の人が来て、教団がびくともしていないというところを見せたし、「後継者《こうけいしゃ》として大川咲也加《さやか》を立てるということを発表した」ということは前進だと思います。

（体制が）固まるし、その条件の下《もと》であちらが暴《あば》れるっていうのは、「まあ、そうだろうなあ」と思っていると思いますよ。

だけど、「なぜ、そうなったか」については、みんな理由はだいたい分かってきて、理由は今、付加されてきている

『毛沢東の霊言』（幸福の科学出版刊）

ことですからね。

まあ、いいんじゃないですか。今、日本で起きているのは「地球革命」ですからね。だから、幸福の科学の動きは非常に大事なんです。だから、マスコミたちも、これを報道しなければいけないんであって、そのなかで邪魔《じゃま》したり、逆風を吹《ふ》かせたり、〝ドロップアウトしたりしたような者〟を大きく取り上げるっていうのは、マスコミとしては間違った考え方なんですね。だから、そちらに行ってはいけないんです。

ヤイドロンの「防衛力」や「体の成長の仕方」について

ヤイドロン　あなたは今日は、何か質問を用意しているんですか?

質問者A　今日はですね……、ヤイドロンさんは有名になりつつあります。

ヤイドロン　そうですね。幸福の科学で「守護神的扱《あつか》い」を、今、ちょっと感じています。

質問者A　みんな、たぶん祈《いの》っていると思うんですよ。

ヤイドロン　そうですね。主を護《まも》っていますから。私たちが上空から護っているので。私たちは、例えば本当にミサイルが飛んできても、それを撃《う》ち落とせるんですよ。だからね、自衛隊より上なんですよ、能力的には。自衛隊は寝過《ねす》ごしたら終わりですけど、私たちにはそれがないので。「危機察知システム」を持っているから。

だから、もしね、万一《まんいつ》ですよ？　北朝鮮《きたちょうせん》からと中国からミサイルが飛んでくるとか、上空から〝忍者部隊《にんじゃぶたい》〟が降りてくるとかいうことだって、ないとは言えないでしょう？

質問者A　はい。

ヤイドロン　幽霊《ゆうれい》とは限らないので。実物の人間が来ることだってあるわけですから。そういうときだって対応可能なんですよ、うん。やっているんです。

質問者A　エルダー星の方は、みんな角《つの》があるんですか。

ヤイドロン　ちょっと個性はあります。差があります。個性があって、攻撃性《こうげき》が強くなると、角がやや前のめりになります。攻撃性が弱くなると、やや後ろに曲がっていく傾向《けいこう》はあります、ヤギみたいにね。「もう戦う気がない」っていうことを意味しているということですね、その場合はね。

質問者Ａ　下からもう一個、画面に入っています。

大川隆法　そうですね。下の、星のように見えるもの？

質問者Ａ　でも、画面だと、けっこう大きく見えるんですよね。

大川隆法　そうですか。あれですか？

質問者Ａ　……だと思うんですけれども。

大川隆法　ああ。いつもなら、そんなに映らないんですが……。

質問者A　同時に動いている。

大川隆法　ああ。その下に映っているもののすぐ下にも、もう一つありますね。

質問者A　ああー。

ヤイドロンさんの仲間ですか。

ヤイドロン　はい。護衛機です。護衛機ですね、はい。

質問者A　では、生まれたときから、みんな、（角が）生《は》えているんですか。

ヤイドロン　いや、そんなことはないですよ（笑）。やっぱり成長するので。

質問者A　ああ、そうなんですか。へえー。鹿《しか》さんみたいな。

ヤイドロン　そうですね。成長するし、機能に応じて、必要に応じて。
ああ、それから、もちろん生え変わりがあります。必要に応じて。
私たちの体は、まあ、年齢《ねんれい》があるかどうかはちょっと微妙《びみょう》なんですけど、成長段階に合わせて、いちおう脱皮《だっぴ》するので。脱皮するようなかたちで皮を脱《ぬ》いで、次のが出てくる体なんですよ。
だから、いったん割れて皮を脱いだ感じで、次の体が出てくるスタイルなんですよね。

質問者Ａ　なるほど、なるほど。へえー。

ヤイドロンの「顔」「武器」「コスチューム」「肌《はだ》の色」について

質問者Ａ　ヤイドロンさんのお顔は？

ヤイドロン　うーん、お顔はですねえ、うーん……。

質問者Ａ　言いにくい……？

ヤイドロン　いや、そんなことはないですよ。言いにくくはないですよ。いちばん似ている顔立ちで言えば、やっぱり〝スーパーマンの顔〟に似ているんですかねえ。

質問者A　えっ、そうなんですか！

ヤイドロン　うん、ああいう感じなんです。イケメンなんですよ。

質問者A　イケメンですね。

ヤイドロン　けっこうイケメンなんですよ。

質問者A　いや、私はそうだと思っていたんですよ（笑）。

ヤイドロン　そうなんですよ。髪《かみ》をもうちょっと伸《の》ばせばね、角だって隠《かく》せないわけじゃない。パンク・ルックにすればね、隠せなくはない。

質問者A　そうなんですね。ちょっと画面を動かしますね、上に移動されているので。では、いちおう人間仕様ではあるんですね。

ヤイドロン　そうですね。まあ、いちおう、そういうふうな……。だから、まあ、「虎皮《とらがわ》のパンツをはいて裸《はだか》」っていうわけでは、実はありません（笑）。

質問者A　「雷《かみなり》さん」のような感じの鬼《おに》さんではないわけですね。

ヤイドロン　いやあ、そういうふうに見せてもいいんだけどね。見せることはできますけれども、やろうと思えば。昔の人なら、そう見せたかもしれないし。鉄棒を持っていればいいんでしょう？

鉄棒は持っていないけれども、実は武器は持っています。ケリューケイオンの杖《つえ》ではないけれども……。

質問者A　この間、「電気鞭《むち》を持っている」とおっしゃっていました。

ヤイドロン　アハハハハ（笑）。それもあります。

質問者A　あっ、何個か持っていらっしゃるんですね？

ヤイドロン　腰《こし》のベルトに装着している武器が何種類かあるので。

質問者A　（映画の）ワンダーウーマンも鞭を持っていましたけれども。

ヤイドロン　そうだねえ。だから、腰に装着している十五センチぐらいの、何と言うかなあ、うーん……、ちっちゃい警棒みたいなもの、これを手に取ってボタンを押《お》すと、電気鞭にもなるし、あるいは、まっすぐ尖《とが》ったものにもなるし、棒として、如意《にょい》棒《ぼう》みたいにスーッと伸びる場合もあるし。

でも、それだけじゃなくて、武器は一、二、三、四種類ぐらい持っています。

質問者Ａ　それを明かしていただいていいのか……。それとも、敵もまだいるから、やはり明かさないほうがいいですかね。

ヤイドロン　うーん。まあ、武器は、あくまでも接近戦というか、肉弾戦《にくだん》になった場合の話で、普通《ふつう》は「超能力《ちょうのうりょく》」で戦いますので、あんまり使わないんですけれどもね。だけど、まあ、もし、そういうことになった場合の話です。

質問者Ａ　ヤイドロンさん、お洋服は？

ヤイドロン　ええ……、洋服という言われ方をすると……。

質問者Ａ　宇宙服。

ヤイドロン　そうですねえ。やっぱり伸び縮みするようなコスチュームを着ていますね。

質問者A　何色？

ヤイドロン　これは、着替《きが》えることは可能なので、何種類か、気分によって持っています。今はですね、モスグリーンみたいな色のを着ています。

質問者A　肌《はだ》の色もスーパーマンのような感じということですか。

ヤイドロン　ああ、脱げば……。見たい？　いや、三十秒だけ見ることはできるよ。お風呂《ふろ》に入っているとき。三十秒を見れば、姿は見えるよ。

質問者A　どんな姿ですか。

ヤイドロン　ハハハハハハハ（笑）。そうだねえ。どうだろうねえ。うーん……、ちょっと白人に近いかなあ。

質問者A　ああ、そうなんですか。

ヤイドロンの「超能力《ちょうのうりょく》」や悪霊《あくれい》・生霊《いきりょう》を寄せつけない「念封《ねんふう》じ」

質問者A　鏡を見る習慣とかもあるんですか。

ヤイドロン　ハハハハハ（笑）。まあ、見ることはできます、見ようと思えばね。

質問者A　それほど見ない？

ヤイドロン　ああ……、何だろうかねえ。うーん、ちょっと、あなたがたと違って、何と言うか、外側から自分のほうを見ることができるんですよ。

質問者A　あっ、そういうものを使わなくても？

ヤイドロン　うん。外側から自分の姿を見れるんですよ。あなたがたは鏡を使うけれども、私たちは鏡を使わないで、「外から見たらどう見えているか」が見えるんですよ、見ようと思えば。

質問者A　それも、やはり超能力《ちょうのうりょく》で？

ヤイドロン　超能力ですね。だから、目に当たるものの一部の機能、魂《たましい》の機能を分《ぶん》離《り》して、自分のを見ることができるんですよ。

質問者A　なるほど。それがもっと偉大《いだい》になると、総裁先生が遠隔透視《えんかくとうし》するときのような感じになるんですか。

ヤイドロン　そうだね。それはできますね。自分がどうなっているか、三百六十度グルッと回って、「周りから見てどう見えているか」を見ることができます。

質問者A　ヤイドロンさんには、お父さんとかお母さんとかもいるんですか。

ヤイドロン　あっ、いますよ。父も母もいることはいます。

質問者Ａ　いるんですね。エルダー星にいるの？

ヤイドロン　ええ。父も、非常に偉大な司令官だったので。

質問者Ａ　ああ、そうなんですか。

ヤイドロン　ええ。だから、いちおう血筋《ちすじ》はあります。

質問者Ａ　へえーっ。
あと、先日、「念封《ねんふう》じ」をしてくださっていたと聞いたのですけれども。

ヤイドロン　念封じ？

質問者Ａ　念封じ（霊的結界《れいてきけっかい》）。エル・カンターレ祭のときに。

ヤイドロン　ああ、はいはい。

質問者A　その念封じは、どうやったのですか。何か方法はありますか。

ヤイドロン　ああ、それは、上から、放射線状にというか、うーん、何だろう。テントっていうかな、パオ（遊牧民の移動式住居）っていうか。一点からバーッと広がるようなかたちで、スカートみたいにバーッと光線を降ろして、周りにバリアを張るんですよ、入らないように。生霊《いきりょう》とか、悪霊《あくれい》とかが寄ってこないように。

質問者A　なるほど。「総裁先生の周りに」ということですね？

ヤイドロン　そうそう。護ることができるので、それはやれます。

質問者A　へえーっ。すごい。

ヤイドロン　そういうことは、護れますよ。やっていますよ。最近は、もう超重要なので。私たちの世界を解明してもらうところまで、やっぱり、私たちは防衛しなければいけないのでね。

天照大神《あまてらすおおみかみ》、メタトロンとの関係とは

質問者Ａ　天照様《あまてらす》もご存じなんですか。

ヤイドロン　ああ、偉大な方ですよ。

質問者Ａ　知っていらっしゃる。

ヤイドロン　偉大な方で、彼女には彼女の護衛が存在していますから。まだ今、それほど（護衛は）活躍《かつやく》していませんけれども、もうすぐはっきり出てくると思います。ちゃんと（護衛を）持っていますから。

質問者Ａ　おお！　かっこいいですね。

ヤイドロン　はい。天照様の護衛は見ますよ。今はまだ、それほど本格始動はしていませんから、まだぼちぼちですけれどもね。

質問者A　なるほど。

最後（の質問）に近くなるかもしれないんですけど、先ほど、「天使と悪魔」という映画を観《み》ていたんですよ。「ヤイドロンさんから見て、どんなふうに見えるのかな」という印象を持ったのですけれども。

ヤイドロン　地上での争いが多いですからね。その争いそのものを「悪」と見る見方から見れば、天使も悪魔も区別がつかないように見えることはあるし、争いが起きるときはたいてい、正義をめぐっての争い、「神の心はどうか」っていう解釈《かいしゃく》をめぐっての争いが起きるし、民族間の正義の戦いの場合は本当に分かりにくいことはあるから、一定の期間、どっちがどっちか分からないことはあるかもしれませんね。

だから、千年単位とか三千年単位で見ないと分からないこともあるし、あるいは、大陸の陥没《かんぼつ》みたいなのがあるときに、「これは天使の仕事なのか、悪魔の仕事なのか、ちょっと分からない」ということもありますよね。

いやあ、その認識のレベルによって（見方が）違うようになりますね。

大川隆法　今日は、（UFOが）昨日《きのう》よりちょっと上まで上がってしまいましたね、真ん中よりね。

質問者A　はい。でも、いちおう画面には映っています。

大川隆法　ああ、そうですか。

質問者A　ユダヤ教といいますか、イスラエルとか、天使などの名前としては、そのへんから出るじゃないですか。あのへんの民族というのは、また〝違う宇宙〟から来られているんでしょうか。

ヤイドロン　うーん。まあ、やっぱり、それぞれの文明が非常に興隆《こうりゅう》したときには、（宇宙人は）たくさん集まってくる傾向があるので、必ずしも一種類とは言えないと思います。

ユダヤ人に生まれたときはユダヤ人として生きているけど、意見が違うし、やることも違うからね。
私も、「ヤイドロン」って言っていますけれども、私の仲間で知られている名前だったら、「メタトロン」とか、そういうのがいることはいますね。

質問者A　メタトロンは熾天使《してんし》のなかに入っていますよね。

ヤイドロン　はい。昔の有名な方ですよね。あれは私の仲間ですけれども。

質問者A　ああ、そうなんですか。

ヤイドロン　ええ。そちらのほうが遺《のこ》っていますよね。

質問者A　メタトロンとか、サンダルフォンとか……。

ヤイドロン　うん。そういうのも入って、介入《かいにゅう》してきてはいますから。ユダヤ教のなかには、いちおう罰《ばち》を当てる神等もいることはいるので、それと悪魔との違いは、確かに難しいところはあるかもしれませんけれども、「神の使者であるかどうか」っていう違いはあるね。

質問者Ａ　なんと。本当にいろいろご存じですね。

ヤイドロン　ええ。

（空を指して）あそこにちっちゃいのね。ちっちゃい護衛機がいるでしょう。

質問者Ａ　そうですね。今、ほかにも点滅《てんめつ》したような気がしますね。画面の真ん中に。

ヤイドロン　いるんですよ、近くに。まだ見えない。

質問者Ａ　どうでしょうか。

ヤイドロン　写真は撮れます……。

質問者A　何か、もう一機ぐらい、念力《ねんりき》を強く発信しているのがある……。あれは違う宇宙（の方）ですか。

ヤイドロン　あそこの赤いのがいいでしょうね。

質問者A　ああ、赤いものですね。分かりました。では、また。See you again.《シー ユー アゲイン》

ヤイドロン　はい。

質問者A　ありがとうございました。

3　さそり座ハニカニ星の「ミケーネ」

ヤイドロンとの関係は？

大川隆法　（光の位置は）高くないね。

質問者Ａ　ちょっとお待ちください。あっ、捉《とら》えた。ちょっとお待ちください。拡大します。

大川隆法　入りますか。

質問者Ａ　はい。ちょっと拡大します。動かします。はい、止めました。

大川隆法　はい。これもたぶん、ちょっと斜《なな》め方向です。でも、上空に近いところで、おそらく直線距離《きょり》は、これも四百から五百メートルぐらいかと思います。そんなに上じゃないですね。初めてだね、たぶん。

はい。では、今、映っているものよ。お話ししたいと思います。あなたはいったいどこから来られましたか、教えてください。

（宇宙人が）「はい、初めまして。初めまして」って言ってますね。

質問者Ａ　「初めまして」って言ってる？

大川隆法　うん。「はい、初めまして」って言ってます。新しいところですね。

質問者Ａ　こんばんは。

大川隆法　「あ、こんばんは。初めまして」って言ってますね。

質問者Ａ　あなたは、どの星の……。

2018年12月15日、東京都上空に現れたUFOの画像。

大川隆法　リーダーの方、どこから来た方ですか。さっき言ってたんだけどな。どこから来ましたか。

ハ、ハ、ハ、ハ、ハ、ハ、ハニカニ星？　（宇宙人は）「ハニカニ星UFO。ハニカニ星人」って言ってる。

質問者Ａ　ハニ、カニ？

大川隆法　ハ、ニ、カ、ニ。

質問者Ａ　ハニ、カニ。

大川隆法　あ、まあ、honey《ハニー》、蜂蜜《はちみつ》のカニみたいな感じかな。ハニカニー。ハニカニ。

質問者Ａ　ハニーカニー座？

ハニカ二星人　ハニカ二星人で、かに座じゃなくて、さそり座です。

質問者Ａ　さそり座？

ハニカ二星人　うん。から来ました。初めてです。今日参加しました。

質問者Ａ　ああ、こんばんは。ヤイドロンさんは知ってます？

ハニカ二星人　知ってます。

質問者Ａ　仲間？

ハニカ二星人　はい。今はちょっと教えていただいてるところで。勤務が大変だから、何とかお手伝いできないかなあと思っています。

地球とは違《ちが》う、男女についての考え方

質問者A　そうですか。あなたは男性ですか、女性ですか。

ハニカニ星人　うーん、どちらでもないんです。すみません。

質問者A　あっ、中性？

ハニカニ星人　いやあ、そういう言われ方をすると、ちょっと差別を受けるし。

質問者A　ごめんなさい。

ハニカニ星人　いやあ、そういう考え方は、私たちのところにはないので。男性でも、女性でも、中性でもないので。

質問者A　あっ、そうなんですか。性がないということ？

ハニカ二星人　そういう言い方をしないので。

質問者A　どういう……。性別がない？

ハニカ二星人　というか、もちろん子供は産めるから、それは女性かもしれないけど、自分で産ませて産んでるから、まあ、男性でもあるし。でも、「中性」っていう意識はない。中性っていうのは、「男女の間」っていう意味でしょ？　そういう意識はないので。男女がないから、中性もない。

質問者A　では、もう、「一人《ひとり》の人」というか。

ハニカ二星人　「単性」ですね。「単性」という。うーん。「単一《たんいつ》の性」なので、男性でも女性でも中性でもない。

質問者A　ちなみに、お名前は？

ハニカ二星人　ちょっと笑われるかなあ。えっとねえ、あなたがたの覚えやすいような言い方をしなきゃいけないから。

「ミケーネ」って言ってるんですけどね。ミケーネ。〝三毛猫《みけねこ》〟ね。

質問者Ａ　はいはいはい。全然、笑わないですよ。

ミケーネ　笑わない？

質問者Ａ　うん。ミケーネさん。

ミケーネ　ミケーネ。

質問者Ａ　かわいい名前。

ミケーネ　単性で、「ミケーネ」っていう名前なんですけどね。

質問者A　かわいいって言っていいのかな。そうですか。ミケーネさん。さそり座は前、何かで一回映りましたね（『「UFOリーディング」写真集』〔前掲《ぜんけい》〕Part《パート》2《ツー》二〇一八年八月二十日（月）撮影《さつえい》　さそり座アンタレス参照）。

ミケーネ　あっ、そうですか。

ハニカニ星人の姿とUFOの形について

ミケーネ　なんか形はですね、もう総裁の目に視《み》えてきているようですけど、トラ猫が立ってるように視えてると思います。

質問者A　猫ちゃん？

ミケーネ　はい。猫型で、でも、トラ（猫）の灰色の姿じゃなくて、赤茶色に黒い縞《しま》が入った、要するに、虎《とら》の色ですね。虎の色をした「猫型宇宙人」ですね。

質問者Ａ　なるほど。どのくらいの大きさですか。

ミケーネ　立てば一・二メートルぐらいかな。

質問者Ａ　普段《ふだん》は二本足？

ミケーネ　普通、機内では二本足で動いていますが、平地に降りたときは四本足で走ることもできます。

質問者Ａ　あっ、ちょっと動かしますね。もう早くも。

大川隆法　……動いてる？

質問者Ａ　はい。ちょっと止めました。

ミケーネ　ミケーネと呼んでください。三毛猫でもいいです、もう。分かりやすければ。

質問者A　ミケーネさんは、そういう猫さんの祖先と考えてもよろしいんですか。

ミケーネ　まあ、そうでしょうねえ。たぶんね、〝ご先祖〟が降りたんだろうと思います。一・二メートルが、三十センチぐらいになってるんですか、今。獲物《えもの》が、ネズミが減ったのかな。ハハハハッ（笑）。

質問者A　今日のＵＦＯは何人乗りですか。

ミケーネ　今日のＵＦＯは十三人乗りです。

質問者A　十三人乗っていて、みんな同じお姿ですか。

ミケーネ　色とかデザインは違《ちが》います。

質問者Ａ　あ、そうなんですか。いろんな、その……。

ミケーネ　はい、はい。だから、ペルシャ猫っぽいのもいるし、白猫もいるし、黒猫っぽいのもいるし、幾《いく》つかいますねえ。でも、まあ、三毛猫みたいな私《わたくし》がリーダーです。

質問者Ａ　ミケーネさんのＵＦＯの形は？

ミケーネ　えっとですねえ、ＵＦＯの形は四角錐《すい》なんです。えっと、四つの辺があるテントみたいな形のＵＦＯですね。

質問者Ａ　四角錐ということは、菱形《ひしがた》というか、あっ、菱形じゃないか。はいはい、分かります。

ミケーネ　分かります？

質問者A　中心が四角いんですよね？

ミケーネ　だから、安定してるときは、頂点が上で、四角形のが下に向いてるんですけど、移動するときは、その頂点を頭《かしら》にして飛んでいくかたちになりますね。で、そうですね……。

質問者A　ちょっとピラミッドに近い？

ミケーネ　あっ、そうですかね。

質問者A　「ピラミッド型」でいいのかな。

ミケーネ　そうですね。「ピラミッド型」ですね。それで、ピラミッドの底の底辺の四カ所から穴が開《あ》いて、火を噴《ふ》いて飛びます。

質問者A　なるほど。着地しやすそう。

ミケーネ　うん。着陸はしやすいです、とっても。

質問者A　大きさは？

ミケーネ　大きさは、高さが、うーん、一辺、まあ、高さ二十メートルぐらいかな。幅《はば》っていうか、底辺がちょっとだけ短いかな。底辺十五メートルぐらいで、高さ二十メートルぐらいかな。

質問者A　さそり座の何星とかあるんですか。

ミケーネ　だから、さっきから、ハニ、ハニー、ハニカニ星って。

質問者A　そうか、ハニカニ星か。

ミケーネ　ちょっと言いにくいねえ。

質問者A　ごめんなさい。ハニカニ星。

ミケーネ　ああ、蜂蜜（ハニー）のカニ。

質問者A　はい。

ハニカニ星で大切にされている価値観とは

質問者A　ハニカニ星では、地球と違って、みんな猫さん？

ミケーネ　いやあ、ほかの生き物もいますけど、ただ、分けられてるんですよ。だから、ウサギが住んでるところとか、豚《ぶた》が住んでるところとか、いろいろあるけど。「猫型」っていうのは、哺乳類《ほにゅうるい》で家畜《かちく》になるものなんですよね。家畜になるスタイルのものっていうのは、わりあい〝人類の友達〟というか、近いんですよ。で、魂的《たましいてき》にも、転生輪廻《てんしょうりんね》が可能なんです。人類と猫型宇宙人はわりに転生しやすい。出ることは、私たち生まれ変わることは、可能なんです。

だから、まずは一回目はね、家畜の、かわいがってもらってる猫か何かに、魂がウォーク・インするか、いったん入って、数年の短い人生を生きて、だいたい感触《かんしょく》を探《さぐ》ってから、次、（人間に）生まれてくるとか、そういうこともありますしねえ。

質問者A　その星では、どんな価値観が大切だとされているんですか？

ミケーネ　私たちはねえ、プラスかマイナスかは分かりませんが、一つにはやっぱり非常に「几帳面《きちょうめん》」です。几帳面で、清潔好きです。そして他方では、「警戒心《けいかいしん》」は非常に強いです。攻撃心《こうげきしん》はそうずっと強くはないんですが、警戒心が強くなるときの防衛力は、すごく強い感じになりますねえ。

だから、「単性」と言いましたけど、全体的に見れば、人類で言えば、女性の性格に少し近いんじゃないかと思いますね。たぶん「犬型」のところは、ほかにありますから。ほかの星があるから、うん。

質問者A　はい。ありますね。地球でも、猫っぽいほうが女性的という感じがあります。

ミケーネ　そうですねえ。だから、近寄ってくりゃ、引っ掻《か》くんでしょ？　だから、そう。だから、「女性の戦闘《せんとう》能力」と関係があると思いますねえ、ある意味ではね。だから、単性といっても、女性に近いのかもしれませんねえ。

服や寿命《じゅみょう》、食べ物について訊《き》く

質問者Ａ　今、服とか着ていらっしゃるんですか。

ミケーネ　うーん。ハハハハハハ（笑）。まあ、ご想像に任せたいですけどねえ。
私たち、ちょっと……、申し訳ないんですが、ちょっとだけ付け足させていただきますと、立ってる猫を想像されると思うけど、猫だけど、カンガルーみたいな有袋類《ゆうたいるい》なんです。実は、〝ポッケ〟がお腹《なか》に付いてるんですよねえ。だから、子供が産まれると、ここに入れているので。

質問者Ａ　そこに入《い》れるんですか。うわあー、いいですねえ。

ミケーネ　はい。子育てもできるんです。みんな、そうした母性本能も持っている。だから、男性でも女性でもないんですけど、ポッケがあるんです、お腹に。

質問者Ａ　ポッケがあるのに、地球で退化しちゃったのかな。

ミケーネ　うーん。だから、まあ、分化したのかなあ、ちょっと分かりませんが、歴史があるから。

一回に一人ですけどね、産まれるのは。だから、お腹のポッケに入れて飼える範囲《はんい》内ね。そして大人になれば、お腹のポッケから出します。

質問者Ａ　なるほどね。ハニカニ星では、みんなどれくらい生きるんですか、生まれてから。

ミケーネ　寿命《じゅみょう》はちょっと地球と一緒《いっしょ》かどうかが分からないんですけど、地球人の寿命に換算《かんさん》すると、どうだろうねえ、地球人より寿命がちょっと短いかもしれない。うーん、三十年ぐらいかなあ。だけど、私たちの星では、ちょっと時間の長さが違うので、一緒じゃありません。

質問者A　なるほど。食べ物は？

ミケーネ　食べ物はですねえ。まあ、地球の猫とはちょっと違っていて、私たちはいちおうねえ、高等生物になっちゃっていましてねえ、クッキングするんですよ。

質問者A　そうなんですか。お魚とか食べます？

ミケーネ　ええ、ありますけど、それはちょっとまた別の者が仕入れてくるので。魚もあるけど、宇宙にはほかの食べ物もあることはありまして。

ちょっと、上の補給機がありましてね。補給機には、食材を補給する宇宙船もありまして、いろんなものを連れてきてくれるんですよね。だから、持ってくるので、ええ。

質問者A　その持ってくるのは、何かグレイを使っているとか、そういうのはあるんですか。

ミケーネ　ああ、グレイも使ってますねえ。グレイも、形はいろいろ種類があるんですよ、本当は。だからねえ、私たちはいちおう新鮮《しんせん》な食べ物を集めてきて、料理、クッキングの時間を持っているんですけど、どうしても、もう、そういう時間がない場合はしょうがないので、もうインスタントの、なんか火を通すだけの……。まあ、あなたがたと一緒です。インスタントの食品を使っています。しかたがないので。例えば、こういう勤務に就《つ》いてるときはね、そういうふうになる場合もあります、うん。

ハニカニ星に信仰《しんこう》はあるのか

質問者Ａ　ハニカニ星には、信仰《しんこう》はあるのでしょうか。

ミケーネ　ありますよ。私たちは、まあ、信仰と言うのかどうかは知りませんが、「忠誠」とか、「忠誠心」とか、そういう感じかなあ。忠誠心みたいなのがすごく強い。

質問者Ａ　忠誠心というと、お仕えしている方がいらっしゃるということ？

ミケーネ　そうそう。「お仕えする」、あるいは人間的に見たら「懐《なつ》く」っていう感じに近いかもしれませんが、親しみを感じる……、「長くお仕えして親しみを感じた方には、尽《つ》くす」っていう感じかなあ。そういう、「懐く」っていう感じにも似てるけど、忠誠心はすごくあります。

ときどき、そう、先ほど言いましたけど、別に毛皮だけでいるわけじゃなくて、上《うわ》物《もの》を着る場合もありますけど。

言い忘れましたが、まあ、仕事によっては、サーベルみたいなものを持ってる場合もあります。着けて、ええ。警備する場合ですね。だから、女性だか男性だか分からないと言ったのはそういうことで、サーベルみたいなものを提《さ》げていますねえ。

質問者A　エル・カンターレはご存じですか。

ミケーネ　もちろん知ってますよ。

質問者A　そうですか。

大川隆法　今、下をヘリコプターが飛んでますねえ。いや、飛行機かな？　飛んでますねえ。ちょっと下ですね。

質問者Ａ　最近ずっとその位置におられました？

ミケーネ　いや、今日は、私は入れ替《か》わって来てるので。

質問者Ａ　入れ替わって来ているんですね。

ミケーネ　ええ。今日は……。

大川隆法　あっ、今ちょっと上へ移動してますよ。

質問者Ａ　あっ、本当だ。

ミケーネ　今、左に移動してます。ちょっと、今、ジェット機が下を飛んだので、少し警戒してます。

大川隆法　あれ、〝オリオン星〟に見える……。

質問者A　見えますね。

ミケーネ　……〝三重星《さんじゅうせい》〟が、実は揺《ゆ》れてるでしょう？　今、揺れてますから、見てごらんなさい、ええ。騙《だま》してるんです、あれ。

質問者A　あっ、本当だ。

ミケーネ　揺れてます、今。上と下が揺れてますから。右、左に。

質問者A　あれはオリオン座に見せかけたＵＦＯ？

ミケーネ　そうです。（オリオン座とは）違うんです、あれ。フェイクなんです。

質問者Ａ　すごいなあ。そうなんですね。面白《おもしろ》い。あれは三機あると考えてよろしいですか。

ミケーネ　はい。三機ありますけど、今、ジェット機が下を通っていったでしょう？　実はそんなに高いところにないんですけど、オリオン座に見えるようにしてるんです。

質問者Ａ　見えるようにしているけど、「写真を撮《と》ると、本来、見えるはずの星がないから、オリオン座ではないかも」と専門家の方もおっしゃっていました。

ミケーネ　まあ、いろいろ私たちもねえ、天体観測は冬はされますから、いちおう気をつけてはいるんですけどね。

ただ、（私たちのＵＦＯは）全部〝散開星団〟になってるので、今のあちらの「バズーカ」一機ぐらいでしたら、これだけ数がいるから大丈夫《だいじょうぶ》です。十何機、上空に待機してますから。

エル・カンターレの考えのうち、特に惹《ひ》かれるもの

質問者A　あなたたちも、たぶん、地球の主《しゅ》のことを護《まも》ってくださっていると思うんですけれども。

ミケーネ　はい。はいはい。

質問者A　主のお考えのなかで、特に惹《ひ》かれるものとかはありますか。

ミケーネ　今、指導……。今ねえ、まあ、今日はちょっと来てる理由はありましてね。今日は、あなたがたのお仲間のなかの、秘書の方のね、一人を、私が指導してるので。

質問者A　あ、そうですか。

ミケーネ　はい。猫型に指導してます、今。

質問者Ａ　猫なんですか。

ミケーネ　〝猫型指導〟してます、今。

質問者Ａ　猫型指導？

ミケーネ　うん。蜂《はち》……、「蜂」じゃ駄目《だめ》だっていう（編集注。以前の宇宙人リーディングで、蜂型の姿をしているものも存在すると言われている）。〝猫型指導〟に今してます。

質問者Ａ　蜂じゃ駄目なんですか。

ミケーネ　うん。蜂はちょっと、ない。単線すぎる。だから、猫型指導を今かけてるんです。

質問者A　なるほど。そうですか。では、いちおう親近感はあるということですか？

ミケーネ　そうです。猫のようにかわいがられるように、今、指導してます。

質問者A　「安らぎ」という意味とか？

ミケーネ　そうそうそうそう。

質問者A　でも、「警備ができる」ということですね？

ミケーネ　そうそうそうそう。だから、近くで〝ペット化〟できるようにしてます。

質問者A　もともと、その方とは縁《えん》がおありとかですか？

ミケーネ　うん。まあ、それは話せばちょっと長くなるので、あれなんですけど。ちょっと今、指導を開始しています。

質問者Ａ　分かりました。では、ちょっと警備力も強めていただいて。

ミケーネ　はい、はい。

質問者Ａ　ありがとうございます。

大川隆法　まあ、確かに（ＵＦＯと）星との違いは分かりにくいでしょうね。でも、低いですね、位置がね。ええ、低いところに……。

質問者Ａ　あっ、主のどんなところが。

ミケーネ　はい？　やっぱり「優《やさ》しい」って大事ですよ。だから、バズーカが言ってるのは間違ってるんですよ。やっぱり「優しさ」って護るべき価値だと思いますよ。ねえ。「優しさ」は大事ですよ。神様の属性の一つですよ。

それがなかったら、神じゃないですよ。「単に殺戮《さつりく》する」とか、「劣《おと》ったものを殺す」とか、「消す」とかいうんじゃ、神じゃないですよ。それが悪魔《あくま》じゃないですか。だから、優しさは必要ですよ。

ヤイドロンさんが怖《こわ》い面も持ってるというのは、それは本当に〝護るための戦い〟なので、「愛」がありますからね。やっぱり「愛」とか「優しさ」がなかったら、神の側じゃないですよ、と思いますね。

質問者A　分かりました。では、今日はひとまずこんな感じかな。

ミケーネ　はい。こんなところでいいですかね。あとは、だいたい、まあ、仲間でときどき入れ替わってますけど。

質問者A　そうですか。

ミケーネ　はい。仲間が来てます。

質問者A　本当にみなさま、ありがとうございます。

ミケーネ　はい、はい。

質問者Ａ　ありがとうございました。

大川隆法　だいぶ、こちらのほうに来たね。

質問者Ａ　そうですね。だいぶ動きましたね、全体的に。

大川隆法　動いてきたね。はい、では。

質問者Ａ　ありがとうございます。

あとがき

世に、ＵＦＯ映像を捉《とら》えたとする写真や動画も多かろう。また、ＵＦＯを呼べると称する、面白い人物や、奇人変人も多かろう。

私の場合は、つい数年前まで、幸福の科学出版の社長が、ＵＦＯ写真を撮《と》るのを趣味にして、追いかけまわしていると聞いて、「もっとちゃんと宗教の本を販布《はんぷ》しなさい。」と叱っていたので、言い方は微妙《びみょう》だが、ＵＦＯの方《ほう》から、私の方に押しかけている状態である。

ただでさえ、あの世の存在や、高級霊人の存在証明、守護霊の存在などを伝えるのにも苦労している。

わざわざ各種宇宙人を紹介する義務までなかろう、と思っていた。しかし、世にUFO写真は多いが、宇宙人を特定して会話（テレパシー）する能力を持った人は少ない。向《むこ》うの方から接触を求めてくるには、それなりの理由もあろう。とにかく本書で、公開霊言シリーズ発刊点数も六百書を超えた。これを偉業《いぎょう》と判定するか否《いな》かは、後世《こうせい》の人々に委《ゆだ》ねることとする。

二〇二一年　七月二十七日

幸福《こうふく》の科学《かがく》グループ創始者兼総裁《そうししゃけんそうさい》　大川隆法《おおかわりゅうほう》

『UFOリーディング　激化する光と闇の戦い』関連書籍

『鋼鉄の法』（大川隆法 著　幸福の科学出版刊）
『仏陀再誕』（同右）
『天御祖神の降臨』（同右）
『UFOリーディング　救世主を護る宇宙存在ヤイドロンとの対話』（同右）
『UFOリーディングⅡ』（同右）
『「UFOリーディング」写真集』（同右）
『「UFOリーディング」写真集2』（同右）
『ジョン・レノンの霊言』（同右）
『人間力の鍛え方──俳優・岡田准一の守護霊インタビュー──』（同右）
『毛沢東の霊言』（同右）
『パンダルンダ 第7話 パンダちゃんとひろいうちゅう』（大川紫央 著　同右）

※左記は書店では取り扱っておりません。最寄りの精舎・支部・拠点までお問い合わせください。

『「天御祖神の降臨」講義』（大川隆法 著　宗教法人幸福の科学刊）

『UFOリーディング　世界伝道を守護する宇宙人』（同右）

ＵＦＯリーディング　激化《げきか》する光《ひかり》と闇《やみ》の戦《たたか》い

2021年８月12日　初版第１刷

著　者　　大《おお》　川《かわ》　隆《りゅう》　法《ほう》

発行所　　幸福の科学出版株式会社

〒107-0052 東京都港区赤坂２丁目 10 番８号
TEL(03)5573-7700
https://www.irhpress.co.jp/

印刷・製本　株式会社 研文社

落丁・乱丁本はおとりかえいたします

ISBN978-4-8233-0291-6 C0030

大川隆法霊言シリーズ・**地球をめぐる光と闇の戦い**

メタトロンの霊言「危機の時代の光」

地球的正義が樹立されない限り、コロナ禍も天変地異も終わらない──。メシア資格を持つ宇宙存在が、地球全体を覆う諸問題や今後の世界の展望について語る。

1,540円

ヤイドロンの本心

コロナ禍で苦しむ人類への指針

アメリカの覇権が終焉を迎えたとき、次の時代をどう構想するか？ 混沌と崩壊が加速する今の世界に対して、宇宙の守護神的存在からの緊急メッセージ。

1,540円

ゾロアスター 宇宙の闇の神とどう戦うか

全体主義国家・中国の背後に働く「闇の力」とは？ かつて宇宙の闇の神と戦ったゾロアスターが、その正体と企みを明らかにした人類への警世の書。

1,540円

習近平思考の今

米大統領選でのバイデン氏当選後、習近平主席の考え方はどう変化したのか？ 中国の覇権拡大の裏にある「闇の宇宙存在」と世界侵略のシナリオが明らかに。

1,540円

幸福の科学出版

※表示価格は税込10％です。

大川隆法霊言シリーズ・**救世主を護る宇宙存在**

R・A・ゴール 地球の未来を拓く言葉

今、人類の智慧と胆力が試されている――。コロナ変異種拡大の真相や、米中覇権争いの行方など、メシア資格を有する宇宙存在が人類の未来を指し示す。

1,540円

地球を見守る宇宙存在の眼

R・A・ゴールのメッセージ

メシア資格を持ち、地球の未来計画にも密接にかかわっている宇宙存在が、コロナ危機や米大統領選の行方、米中対立など、今後の世界情勢の見通しを語る。

1,540円

ウィズ・セイビア 救世主とともに

宇宙存在ヤイドロンのメッセージ

正義と裁きを司る宇宙存在が示す、地球の役割や人類の進むべき未来とは？ 崩壊と混沌の時代のなかで、宇宙人の側から大川隆法総裁の使命を明かした書。

1,540円

メタトロンの霊言

危機にある地球人類への警告

中国と北朝鮮の崩壊、中東で起きる最終戦争、裏宇宙からの侵略――。キリストの魂と強いつながりを持つ最上級天使メタトロンが語る、衝撃の近未来。

1,540円

※表示価格は税込10％です。

大川隆法ベストセラーズ・地球神エル・カンターレとは

太陽の法

エル・カンターレへの道

創世記や愛の段階、悟りの構造、文明の流転を明快に説き、主エル・カンターレの真実の使命を示した、仏法真理の基本書。14言語に翻訳され、世界累計1000万部を超える大ベストセラー。

2,200円

信仰の法

地球神エル・カンターレとは

さまざまな民族や宗教の違いを超えて、地球をひとつに──。文明の重大な岐路に立つ人類へ、「地球神」からのメッセージ。

2,200円

永遠の仏陀

不滅の光、いまここに

すべての者よ、無限の向上を目指せ──。大宇宙を創造した久遠の仏が、生きとし生ける存在に託された願いとは。

1,980円

天御祖神《あめのみおやがみ》の降臨

古代文献『ホツマツタヱ』に記された創造神

3万年前、日本には文明が存在していた──。日本民族の祖《おや》が明かす、歴史の定説を超越するこの国のルーツと神道の秘密、そして宇宙との関係。秘史を記す一書。

1,760円

大川隆法シリーズ・最新刊

コロナ不況にどう立ち向かうか

コロナ・パンデミックはまだ終わらない——。東京五輪断行が招く二つの危機とは？ 政府や自治体に頼らず、経済不況下を強靱に生き抜く「智慧」がここに。

1,650円

シリーズ第5弾

エル・カンターレ 人生の疑問・悩みに答える 発展・繁栄を実現する指針

信仰と発展・繁栄は両立する——。「仕事」を通じて人生を輝かせる24のQ＆A。進化・発展していく現代社会における神仏の心、未来への指針が示される。

1,760円

青春詩集 愛のあとさき

若き日の著者が「心の軌跡」を綴った「青春詩集」。みずみずしい感性による「永遠の美の世界」がここに。詩篇「主なる神を讃える歌」を新たに特別追加！

1,760円

武内宿禰《たけのうちのすくね》の霊言

日本超古代文明の「神・信仰・国家」とは

超古代に存在した「天《あめの》御《み》祖神《おやがみ》文明」は世界に影響を与えていた！ 歴史から失われた「富士王朝」の真相を明かし、「日本文明三万年説」を提言する衝撃の書。

1,540円

※表示価格は税込10%です。

幸福の科学グループのご案内

宗教、教育、政治、出版などの活動を通じて、地球的ユートピアの実現を目指しています。

幸福の科学

一九八六年に立宗。信仰の対象は、地球系霊団の最高大霊、主エル・カンターレ。世界百六十カ国以上の国々に信者を持ち、全人類救済という尊い使命のもと、信者は、「愛」と「悟り」と「ユートピア建設」の教えの実践、伝道に励んでいます。

（二〇二一年七月現在）

愛

幸福の科学の「愛」とは、与える愛です。これは、仏教の慈悲《じひ》や布施《ふせ》の精神と同じことです。信者は、仏法真理をお伝えすることを通して、多くの方に幸福な人生を送っていただくための活動に励んでいます。

悟り

「悟り」とは、自らが仏の子であることを知るということです。教学《きょうがく》や精神統一によって心を磨き、智慧《ちえ》を得て悩みを解決すると共に、天使・菩薩《ぼさつ》の境地を目指し、より多くの人を救える力を身につけていきます。

ユートピア建設

私たち人間は、地上に理想世界を建設するという尊い使命を持って生まれてきています。社会の悪を押しとどめ、善を推し進めるために、信者はさまざまな活動に積極的に参加しています。

国内外の世界で貧困や災害、心の病で苦しんでいる人々に対しては、現地メンバーや支援団体と連携して、物心両面にわたり、あらゆる手段で手を差し伸べています。

年間約２万人の自殺者を減らすため、全国各地で街頭キャンペーンを展開しています。

公式サイト **www.withyou-hs.net**

自殺防止相談窓口

受付時間　火〜土:10〜18時（祝日を含む）

TEL **03-5573-7707**　メール **withyou-hs@happy-science.org**

ヘレン・ケラーを理想として活動する、ハンディキャップを持つ方とボランティアの会です。視聴覚障害者、肢体不自由な方々に仏法真理を学んでいただくための、さまざまなサポートをしています。

公式サイト **www.helen-hs.net**

入会のご案内

幸福の科学では、大川隆法総裁が説く仏法真理《ぶっぽうしんり》をもとに、「どうすれば幸福になれるのか、また、他の人を幸福にできるのか」を学び、実践しています。

入会

仏法真理を学んでみたい方へ

大川隆法総裁の教えを信じ、学ぼうとする方なら、どなたでも入会できます。入会された方には、『入会版「正心法語《しょうしんほうご》」』が授与されます。

ネット入会 入会ご希望の方はネットからも入会できます。
happy-science.jp/joinus

三帰《さんき》誓願《せいがん》

信仰をさらに深めたい方へ

仏弟子としてさらに信仰を深めたい方は、仏《ぶっ》・法《ぽう》・僧《そう》の三宝《さんぼう》への帰依を誓う「三帰誓願式」を受けることができます。三帰誓願者には、『仏説・正心法語』『祈願文《きがんもん》①』『祈願文②』『エル・カンターレへの祈り』が授与されます。

幸福の科学 サービスセンター
TEL 03-5793-1727
受付時間／
火〜金:10〜20時
土・日祝:10〜18時
（月曜を除く）

幸福の科学 公式サイト
happy-science.jp

仏法真理塾「サクセスNo.1」

全国に本校・拠点・支部校を展開する、幸福の科学による信仰教育の機関です。小学生・中学生・高校生を対象に、信仰教育・徳育にウエイトを置きつつ、将来、社会人として活躍するための学力養成にも力を注いでいます。

TEL 03-5750-0751（東京本校）

エンゼルプランV

東京本校を中心に、全国に支部教室を展開。信仰をもとに幼児の心を豊かに育む情操教育を行い、子どもの個性を伸ばして天使に育てます。

TEL 03-5750-0757（東京本校）

エンゼル精舎

乳幼児が対象の、託児型の宗教教育施設。エル・カンターレ信仰をもとに、「皆、光の子だと信じられる子」を育みます。
（※参拝施設ではありません）

不登校児支援スクール「ネバー・マインド」

TEL 03-5750-1741

心の面からのアプローチを重視して、不登校の子供たちを支援しています。

ユー・アー・エンゼル！（あなたは天使！）運動

障害児の不安や悩みに取り組み、ご両親を励まし、勇気づける、障害児支援のボランティア運動を展開しています。

一般社団法人 ユー・アー・エンゼル
TEL 03-6426-7797

NPO活動支援

学校からのいじめ追放を目指し、さまざまな社会提言をしています。また、各地でのシンポジウムや学校への啓発ポスター掲示等に取り組む一般財団法人「いじめから子供を守ろうネットワーク」を支援しています。

いじめから子供を守ろうネットワーク

公式サイト mamoro.org　ブログ blog.mamoro.org
相談窓口 TEL.03-5544-8989

百歳まで生きる会

「百歳まで生きる会」は、生涯現役人生を掲げ、友達づくり、生きがいづくりをめざしている幸福の科学のシニア信者の集まりです。

シニア・プラン21

生涯反省で人生を再生・新生し、希望に満ちた生涯現役人生を生きる仏法真理道場です。定期的に開催される研修には、年齢を問わず、多くの方が参加しています。
全世界212カ所（国内197カ所、海外15カ所）で開校中。

【東京校】 TEL 03-6384-0778 FAX 03-6384-0779
メール senior-plan@kofuku-no-kagaku.or.jp

幸福実現党

内憂外患《ないゆうがいかん》の国難に立ち向かうべく、2009年5月に幸福実現党を立党しました。創立者である大川隆法党総裁の精神的指導のもと、宗教だけでは解決できない問題に取り組み、幸福を具体化するための力になっています。

幸福実現党 釈量子サイト **shaku-ryoko.net**
Twitter **釈量子@shakuryokoで検索**

党の機関紙
「幸福実現党NEWS」

幸福実現党　党員募集中

あなたも幸福を実現する政治に参画しませんか。

○幸福実現党の理念と綱領、政策に賛同する18歳以上の方なら、どなたでも参加いただけます。

○党費：正党員（年額5千円［学生 年額2千円］）、特別党員（年額10万円以上）、家族党員（年額2千円）

○党員資格は党費を入金された日から1年間です。

○正党員、特別党員の皆様には機関紙「幸福実現党NEWS（党員版）」（不定期発行）が送付されます。

＊申込書は、下記、幸福実現党公式サイトでダウンロードできます。
住所：〒107-0052　東京都港区赤坂2-10-8 6階 幸福実現党本部
TEL **03-6441-0754**　FAX **03-6441-0764**
公式サイト **hr-party.jp**

幸福の科学出版

大川隆法総裁の仏法真理の書を中心に、ビジネス、自己啓発、小説など、さまざまなジャンルの書籍・雑誌を出版しています。他にも、映画事業、文学・学術発展のための振興事業、テレビ・ラジオ番組の提供など、幸福の科学文化を広げる事業を行っています。

アー・ユー・ハッピー？
are-you-happy.com

ザ・リバティ
the-liberty.com

幸福の科学出版
TEL **03-5573-7700**
公式サイト **irhpress.co.jp**

THE FACT
ザ・ファクト
マスコミが報道しない「事実」を世界に伝えるネット・オピニオン番組

YouTubeにて随時好評配信中！

ザ・ファクト 検索

NEW STAR PRODUCTION

ニュースター・プロダクション

「新時代の美」を創造する芸能プロダクションです。多くの方々に良き感化を与えられるような魅力あふれるタレントを世に送り出すべく、日々、活動しています。 公式サイト **newstarpro.co.jp**

ARI Production

ARI《アリ》 Production《プロダクション》

タレント一人ひとりの個性や魅力を引き出し、「新時代を創造するエンターテインメント」をコンセプトに、世の中に精神的価値のある作品を提供していく芸能プロダクションです。 公式サイト **aripro.co.jp**

大川隆法　講演会のご案内

大川隆法総裁の講演会が全国各地で開催されています。講演のなかでは、毎回、「世界教師」としての立場から、幸福な人生を生きるための心の教えをはじめ、世界各地で起きている宗教対立、紛争、国際政治や経済といった時事問題に対する指針など、日本と世界がさらなる繁栄の未来を実現するための道筋が示されています。

2020年12月8日　さいたまスーパーアリーナ
「"With Savior"（ウィズ・セイビア）―救世主と共に―」

2019年10月6日　ザ ウェスティン ハーバーキャッスル トロント（カナダ）
「The Reason We Are Here」

2019年12月17日　さいたまスーパーアリーナ
「新しき繁栄の時代へ」

2019年3月3日　グランド ハイアット 台北（台湾）
「愛は憎しみを超えて」

2019年7月5日　福岡国際センター
「人生に自信を持て」

講演会には、どなたでもご参加いただけます。
最新の講演会の開催情報はこちらへ。⟹　大川隆法総裁公式サイト https://ryuho-okawa.org